수학보다 데이터 문해력

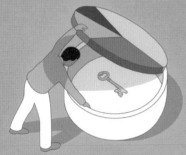

Data Literacy over Mathematics

수학보다 데이터 문해력

정성규 지음

EBS
BOOKS

Part I
통계학의 기초: 모래밭에 숨은 바늘 찾기

Part II
통계학자의 사고법: 감별사와 낚시꾼, 어쩌면…

Part III

통계의 도구들: 세상을 읽는 기준

Part IV
통계학의 현재: 인공지능과 새벽 배송 사이

Part V

통계의 거짓말: 데이터, 신호, 소음

통계학의 세계로
여러분을 초대하며

"통계학자로서 가장 좋은 점은 모든 이들의 뒷마당에서 놀 수 있다는 것이다."

미국의 저명한 통계학자 존 튜키(John Tukey)의 고백이다.

오늘날 통계학은 수학과 이웃한 학문이지만 정치·경제·사회·경영·마케팅·심리학·화학·의학 등 분야를 가리지 않고 널리 쓰이고 있다. 인문학에서도 통계학을 활용하고 있으며 인공지능, 기계학습 등과도 밀접한 관련이 있다. 일상의 소소한 질문에도 통계학은 답을 준다. 통계와 통계학은 데이터에 기반한 합리적인 의사결정을 내리는 논리 체계를 제공하기 때문이다. 실로 데이터가 있는 모든 곳에 통계가 있다.

하지만 우리가 어린 시절 학교에서 배운 통계는 수학이나 마찬가지였다. 어렵다. 숫자와 수식, 생경한 용어들 때문이다. 나 역시 통계학을 20여 년이나 공부했지만 아직도 모르는 것이 많다. 그러나 통계학의 본질을 이해하기 위해서 꼭 복잡한 수식을 알아야만 하는 것은 아니다.

데이터란 무엇일까? 데이터 분석이란 무엇일까? 불확실성은 무엇일까? 데이터의 불확실성은 또 무슨 뜻일까? 표면에 드러나지 않은 숨은 신호를 찾아내고, 그 신호가 신기루인지 아닌지 가려내는 법. 이러한 질문들에 대한 답을 함으로써 어려운 용어와 수식 속에 감춰진 통계학의 본질에 더 가까이 다가갈 수 있다.

이 책을 통계 전공자가 읽어도 좋겠지만, 평소

통계를 어려워하고 전혀 모른다고 생각하는 독자가 읽는다면 더할 나위 없이 기쁠 것이다.

이 책은 통계학 교과서가 아니다. 교과서 내용을 쉽게 풀어 쓴 책은 더욱 아니다. 수식으로 가득한 통계 교과서에서는 다루지 않는 통계적 사고법을 담고 있다. 그렇다면 통계적 사고법이 무엇일까? 통계학자는 늘 "어떻게 달라질 수 있었을까?"생각한다. 어떤 사건과 발견이 혹시 편견과 우연의 산물은 아닐지 의심한다. 앞으로 여러분은 이 책에서 '오늘을 다시 사는' 사고법, 전체를 아우르는 넓은 시야를 종종 만날 것이다.

❖❖❖

데이터 과학은 새로운 분야이다. 전통적인 통계학이 '데이터 과학'이지만 오늘날 매스컴이나 사람들이 말하는 데이터 과학은 조금 다르다. 학문으로서 데이터 과학은 디지털 데이터와 인공지능을 다루는 통계학의 응용이자 확장이다.

데이터 과학은 두 가지 사고법을 중요하게 여긴
다. 알고리즘적 사고와 통계적 사고가 바로 그것
이다. 알고리즘적 사고란 주어진 문제를 해결할
때 마치 컴퓨터 알고리즘으로 해결하듯 접근하
는 방법이다. 있는 그대로 해결하기 어려운 문제
를 작은 문제로 나누어 하나씩 해결하는 분할 정
복법 따위가 대표적이다.

알고리즘적 사고가 복잡한 문제 해결에 필요하
다면 통계적 사고는 의사결정에 더 적합하다. 내
가 찾은 이 해답이 과연 맞는 답일까? 이 방법
이 과연 최선일까? 통계적 사고는 이러한 질문
에 답을 준다. 다만 통계의 답은 100% 확실하지
않다. 그래서 겸손하다. 1%의 대박보다는 5%의
최악을 염두에 둔다. 의심이 많은 통계학자를 닮
았다. 이 사고법 근저에는 불확실성이 자리하고
있다. 무작위성 또는 '랜덤한' 성질을 다스리기
위해 '확률'이라는 수학 도구가 동원된다.

모두가 통계 전문가가 될 필요는 없지만 통계와 통계학은 알아두면 쓸모가 있다. 그러니까 통계 공식을 알 필요는 없지만 그 수식 뒤에 숨어 있는 뜻은 한 번쯤 생각해볼 만하다.

통계의 핵심은 '계산'이 아니라 '생각'이다. 데이터를 제대로 읽고, 해석하고, 사용하는 '데이터 문해력'이 핵심인 것이다. 직장에서, 학교에서, 뉴스에서, 시장에서 데이터가 넘쳐나는 지금 여기의 우리에게 너무나도 요긴한 지식이다. 계산은 전문가에게 맡겨두자. 컴퓨터가 대신 계산해줄 것이다. 우리에게 필요한 것은 이 계산을 언제 쓰고, 그 결과를 어떻게 해석해야 하는지 아는 능력이다.

❖❖❖

한때 인문학 열풍이 불었다. 스티브 잡스가 애플의 성공 비결은 기술과 인문학의 결합이라고 말한 뒤라고 기억한다. 그러나 애석하게도 적지 않은 곳, 특히 취업 시장에서 강조된 인문학적 소양은 인문학 지식일 뿐이었다. 인문학적 소양을 점수화하려면 언어·문학·철학·역사를 학습하고 배운 지식, 이른바 교양을 검증할 수밖에 없었다. 데카르트가 어떤 명언을 남겼는지 따위의 지식을 측정할 뿐이었다. 인문학적 사고의 핵심은 이러한 지식이 아니다. 현상의 본질을 꿰뚫어 보고, 표면적으로는 관계없어 보이는 것들의 깊숙한 연관성을 찾아내는 것이다.

데이터를 요약하고 패턴을 찾는 통계학의 수식과 계산이 일종의 지식이라면 통계적 사고는 데이터에서 찾은 패턴이 '신호'인지 '소음'인지 혹시 '왜곡된' 안경을 통해 본 왜곡된 해석은 아닌지 살피는 통찰이다. 통계학은 말 그대로 통섭(統攝, consilience)의 학문이다. 통섭은 '지식의 통합'이고, 자연과학과 인문학을 연결하는 통합 학문 이론이다. 통계학이 인문학을 포괄할 수는 없겠지만 적어도 데이터와 관계된 모든 것을 종횡무진 넘나들며 아우르는 학문이다. 통계학은 개인의 경험에서 집단을 찾는다. 통계학은 숫자에서 경향을 찾는다. 통계학은 나무를 통해 숲을 보려는 시도를 그치지 않는다.

단언컨대 통계는 삶의 숱한 문제를 해결하고, 복잡한 현상을 이해하는 요긴한 도구이다. 그래서 이 도구는 안타깝게도 누군가를 현혹하고 속이는 데 쓰이기도 한다. 데이터 정글 사회를 헤쳐 나가는 데 이 책이 작은 도움이 되기를 바란다.

Part I

통계학의 기초

모래밭에 숨은 바늘 찾기

Data Literacy over Mathematics

But to us,

probability is the very guide of life.

우리에게, 확률은 바로 인생의 지침이다.

— 조세프 버틀러(Joseph Butler)

01

☆☆☆☆★

도박, 동전 던지기, 그리고 라플라스

확률은 인류의 역사만큼이나 오래된 '도박(gambling)'과 함께 등장했다. 도박이란 그 결과를 미리 알 수 없는 행위에 따라 승부가 결정된다. 예를 들어 동전 던지기와 주사위 굴리기처럼 앞으로 벌어질 사건에 대한 가능성이나 우리의 믿음을 숫자로 표현한 것이 곧 확률이다.

어떤 사건이 벌어질 가능성이 클수록 100%에 가까운 확률이 생기고, 반대로 가능성이 작을수록 0%에 가까운 확률이 발생한다. 이를테면 정육면체 주사위를 굴려 1이 나올 가능성은 다른 5개의 숫자가 나올 가능성과 같다. 쉽게 말해 1부터 6까지 모든 숫자가 나올 가능성이 같으므로, 그 가능성을 수로 표현한 확률 역시 모두

수학보다 데이터 문해력

같은 것이다. 따라서 주사위 굴리기의 결과가 1일 확률은 1/6, 즉 16.7%이다. 한국이 다음 축구 월드컵 본선에 진출하거나 내가 오늘 저녁 식사하다가 코로나-19 바이러스에 감염되는 등 결과가 정해지지 않은 미래의 사건이 발생할 가능성 역시 확률로 표현할 수 있다.

확률이란 반드시 결과가 정해지지 않은 미래의 사건에만 해당하는 것은 아니다. 현재 또는 과거에 이미 결과가 정해진 사건이어도 그 결과에 대한 우리의 무지(無知) 역시 확률로 표현할 수 있다. 예를 들어 동전을 던지면 앞면과 뒷면이 나올 가능성이 같기 때문에 확률은 50%라고 본다. 그렇다면 어떤 사람 A가 동전을 던진 뒤에 그 결과를 손에 감추고 있다고 가정해보자. 이미 동전은 던져졌기 때문에 그 결과는 앞면이든 뒷면이든 이미 결정되었다. 앞면이 나올 확률은 여전히 50%일까?

이제 그 동전 던지기의 결과를 A 혼자 확인한 뒤에 여러분에게 같은 질문을 던진다. 이미 벌어진 사건이며,

그 결과가 앞면인지 뒷면인지 A는 알고 있다. 여러분에게 앞면이 나올 확률은 여전히 50%일까?

이 이야기는 확률이 꼭 미래의 사건에 대한 것만은 아니라는 사실을 알려준다. 확률은 현재, 심지어 과거의 사건이라도 그 결과에 대한 우리의 무지를 표현해준다.

확률론을 연구했던 프랑스의 수학자 피에르-시몽 라플라스(Pierre Simon Laplace)는 그의 저서 《확률에 대한 철학적 시론》에서 확률이란 "상식을 수학으로 표현한 것"이라고 정의했다. 그리고 동시에 그는 확률의 기본이 되는 상식은 경험에서 기인한다고 밝혔다.

동전의 앞면이 나올 확률이 50%라는 것은 앞면과 뒷면의 가능성이 같다는 믿음으로부터 계산된 것이지만 실제로 동전을 수없이 던져보면 대략 50% 비율로 앞면과 뒷면이 각각 나온다는 것을 경험할 수도 있다. 경험에 바탕을 둔 확률 계산은 곧 데이터에 기반해 확률을 추정하는 통계의 첫걸음과도 같다.

수학보다 데이터 문해력

02

한 도박사의
판돈 나누기

17세기 프랑스의 한량이었던 앙투안 공보(Antoine Gombaud) 는 한창 도박을 즐기던 도중에 오늘날 '판돈 나누기'라고 불리는 문제에 직면했다. 앙투안 공보의 문제를 현대적으로 각색하면 다음과 같다. 한국의 프로야구는 매년 한국시리즈라는 7전 4선승제의 결승전을 치른다. 만약 올해의 한국시리즈에는 기아 타이거즈와 키움 히어로즈가 진출해 1차전은 키움이 승리, 2차전은 기아가 승리한 뒤, 키움이 다시 3차전과 4차전을 승리했다고 하자. 바로 이때, 전 세계에 창궐한 감염증의 영향으로 한국시리즈는 중단되고 남은 경기는 취소가 결정되었다.

	1차전	2차전	3차전	4차전	5차전	6차전	7차전
키움	승	패	승	승			
기아	패	승	패	패			

〈표〉 7전 4선승제 한국시리즈에서 4차전까지의 결과

키움 구단은 한국시리즈 우승까지 단 1경기만 남았고, 중단된 현재까지 이기고 있으므로 우승 상금 10억 원을 받아야 한다고 주장한다. 반면 기아 구단은 자신들이 우승할 가능성이 여전히 있으므로 우승 상금은 공평하게 5억 원씩 나누어 가져야 한다고 주장한다. 우승 상금 10억 원을 어떻게 나누어 가져야 할까?

이 판돈 나누기 문제의 해답을 찾던 공보는 당대의 유명한 수학자였던 블레즈 파스칼(Blaise Pascal)에게 편지를 보내 답을 구했다. 파스칼은 이 문제를 (페르마의 마지막 정리로 유명한) 피에르 페르마(Pierre de Fermat)와 함께 고민했고, 이들의 해답은 놀이의 일종이었던 확률(당시에는 확률보다 승산이라는 표현을 더 많이 썼다)을 수학의 한 갈래로 만드는 데 큰 공헌을

수학보다 데이터 문해력

했다.[1]

한국시리즈 5~7차전이 만약 진행되었고 키움이 그중 단 1경기라도 승리했다면 최종 승자가 된다. 반대로 기아가 승리하려면 남은 3경기에서 모두 이겨야 한다. 파스칼과 페르마의 해답은 각각의 경우를 모두 따져 보는 간단한 방법이었다. 키움이 최종 승리할 확률과 기아가 최종 승리할 확률을 구한 뒤, 우승 상금을 그 확률대로 나누어 가지는 해결책이다.

이 확률 계산에는 몇 가지 원칙이 적용된다. 첫째, 각 경기의 결과는 다음 경기의 결과에 영향을 미치지 않는다. 당시 앙투안 공보의 도박은 동전 던지기와 같은 공평한 (즉 승산이 반반인) 게임이었다고 한다. 기아가 5차전을 이길 확률은 1/2이며, 만약 6차전을 치른다면 그 경기에서 기아가 이길 확률 역시 1/2이다. 이처럼 서로 영향을 주지 않는 사건들(기아가 5, 6, 7차전에서 각각 이기는 사건)이 모두 발생할 확률은 각 확률을 곱하여 구할 수 있다. 서로 결과에 영향을 주지 않는 사건을 '독립'인 사건이라고 부르며, 독립인 사건들이 모두 일어날 확률은 각각의 사건이 일어날 확률을 곱한 것과 같다. 이것을 확률의 '곱셈 법칙'이라고 부른다.

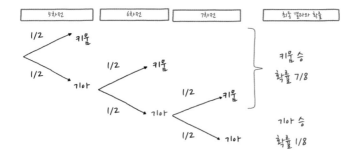

그러니까 기아가 최종 승자가 될 확률은 $1/2 \times 1/2 \times 1/2$, 즉 1/8이다. 5~7차전의 경우의 수를 따져본 〈그림〉의 가장 아래쪽 갈래에 해당하는 경우이다. 두 번째 원칙은 다음과 같다. 최종 승자는 두 구단 중 하나이므로, 기아가 승리하지 않는다면 키움이 승리한다는 원칙이다. 즉 키움이 승리할 확률은 기아가 승리하는 경우를 제외한 나머지 모든 경우의 확률, 1-1/8=7/8이다. 파스칼과 페르마의 해답을 한국시리즈 우승 상금 나누기에 적용하면 키움이 10억 원의 7/8인 8.75억 원을, 기아가 1.25억 원을 나누어 가지면 공평하다.

여기서 한 걸음 더 나아가 보자. 이미 3대 1의 우수한 전적을 기록하고 있는 키움 입장에서는 각 경기의 승산이 절반이라는 '가정'이 불편할 것이다. 확률 계산의 기본이 되는 승산을 주어진 데이터를 이용해 업데이트한다면 키움의 경기 승리 확률은 3/4, 기아의 승리 확률은 1/4이다. 한국시리즈 4번의 경기 중 키움이 이미 3번 이겼기 때문이다. 이 값을 이용해 기아가 최종 승자가 될 확률을 구하면 1/64(1/4을 3번 곱한 값), 키움이 최종 승자가 될 확률은 63/64이 되므로 한국시리즈 우승 상금의 대부분인 9.84억 원(10억 원×63/64)을 키움이 가지는 것이 더 공평하다고 볼 수도 있다.

이처럼 각 경기의 승리 확률을 어떻게 정하느냐에 따라 판돈 나누기 문제의 해법이 달라진다. 동전 던지기처럼 승리 확률이 1/2로 정해진 경우는 실제로 드물다고 볼 수 있어 두 번째 경우처럼 관측된 데이터에 기반해 확률을 추정하는 방법이 더 현대적인 접근이다.

자신을 "미르의 기사"라고 칭했던 앙투안 공보는 스스로 확률 이론의 창시자라며 자랑하고 다녔다. 이에 동의할 수학자나 통계학자가 몇이나 될지 알 수 없으나, 그가 현대적 의미의 확률 탄생에 이바지했다는 사실은 부인하기 힘들다.

수학보다 데이터 문해력

03

점술가의
데이터 사용법

사람들은 마음을 의지하고 싶거나 그저 재미로 종종 점집을 찾는다. 점술가가 자신의 과거, 현재, 미래를 꿰뚫어 보았다는 누군가의 증언이 있으면 더 솔깃해한다.

　나는 사주팔자나 명리학을 공부한 적 없고, 그 신빙성을 신뢰하지 않지만 영민한 점술가의 존재는 믿는다. 여기서 '영민하다'는 뜻은 고객의 생김새, 행동거지, 옷매무새 등과 짧은 대화만으로 그의 특성을 단시간에 파악하고 엇비슷한 부류의 전형적인 고민거리와 배경을 빠르게 도출해낼 수 있다는 뜻이다. 이와 함께 점술가의 유려한 언변과 태도, 유연한 대응, 여기에 손님들의 '생존자 편향'이 더해지면 '용한 점술가'는 충분히 탄생할 수 있다. 생존자 편향이란 좋은 경험만 공유하고, 좋지 않은 경험은 함구하는 경향을 말한다. '죽은 자는 말이 없다' 편향이라고 생각해도 좋다.

영민한 점술가는 본인이 의도하지 않더라도 통계의 가장 기본적인 얼개를 이용한다. 자신의 상담 경험과 기존 사례들(이를 '데이터'라고 볼 수 있다)을 기반으로 지금 눈앞에 앉아 있는 초조한 눈빛의 고객이 지닌 특성과 가장 가까운 사례와 경험을 추려 확률적으로 가장 그럴듯한 과거 예측과 미래 예언을 내놓는다. 이른바 조건에 맞는 특정 데이터를 기반으로 추측하는 통계 예측의 뼈대를 그대로 활용하는 것이다. 손님이 값비싼 양복을 입은 50대 남성이면 사업 문제가 고민일 테고, 평범한 중년 여성이면 자식 문제가 고민이라고 짐작하는 식이다.

물론 통계학자와 점술가의 성향은 다르다. 통계학자는 예측에 조심스럽다. 통계학자는 조건에 맞는 사례 중 점술가가 골라 예언하는 미래가 정말 일어날지 몰라도 여전히 매우 낮은 확률을 고려해 쉽게 예언하지 않을 것이다.

수학보다 데이터 문해력

04

☆☆☆☆★

데이터 없이는
통계도 없다

통계란 무엇일까? 한자로 풀어보면 '거느릴 통(統)'자와 '셀 계(計)'가 합해진 단어로 '서로 잘 이어지도록 세거나 계산하다'라는 뜻이다. 그런데 무엇을 센다는 뜻일까? 그 대상이 없다.

아주 오래된 옛날, 고대사회에서는 사람의 수와 전답의 크기를 세는 것이 가장 중요했다. 실제로 인구총조사는 기원전 4세기 로마에서 시작됐다. 우리나라 기록 중 가장 오래된 통계 조사는 신라시대였다.《신라민정문서(新羅民政文書)》는 신라 지역의 마을을 구성하는 남성, 여성, 어린이, 성인, 노인 등으로 일목요연하게 나눠 인구수를 기록하고 있다. 이처럼 한 나라의 인구수와 경제력을 파악하는 것이 통계의 시작이라 할 수 있겠다.

통계를 뜻하는 영어 단어인 '스태티스틱스(statistics)' 역시 '국가(state)'와 '산술(arithmetic)'로 이루어져 있는 것도 우연이 아니다. 과거의 통계와 통계학은 국가와 공동체의 상태에 관한 데이터를 다루는 과학이었던 셈이다. 즉 통계의 시작은 데이터라 할 수 있다.

기원전부터 근세까지는 국가에 대한 데이터 자체가 곧 그 국가의 힘을 나타냈다. 세금을 거두고, 병역과 노역을 부과하는 근거를 제공하는 것이 곧 데이터이다. 조선시대에는 호적이 있었다. 호주를 중심으로 그 집안에 속한 사람들의 이름과 나이, 직역(조선시대의 직역이란 국가가 각 백성에게 특정한 직(職)을 역(役)으로써 부과한 것을 말한다. 대부분은 군역(軍役) 이었다) 및 조상에 대한 정보를 조사해 그 결과를 기록한 장부가 곧 호적이다. 이 호적은 3년에 1번씩 기록했으며, 조선왕조가 백성에게 세금과 병역 등을 부과하는 기준으로 이용되었다. 대한민국에서도 이 호적 제도는 무려 2008년까지 유지하다 폐지했는데, 같은 데이터를 다른 방식으로 정리한 가족관계등록부 같은 제도로 남아 있다.

수학보다 데이터 문해력

현대 사회의 데이터는 더 광범위하다. 국가에 해당하는 제도나 공익을 위한 자료가 아니어도 상관없다. 무엇이든, 어떤 형태이든, 어떤 목적이든 여러 값을 기록해놓은 것이 곧 데이터이다. 숫자로 이루어질 필요도 없다. 문자, 사진, 영상 등 무엇이든 여럿을 모아놓는다면 데이터라고 부를 수 있다.

날씨를 매일 관측해 기록한 것도 데이터이며 곤충을 채집해 마릿수와 그 특성을 기록한 것도 데이터이다. 은행에서 고객의 계좌 잔액과 입출금 명세를 기록한 장부 역시 데이터이며 백신 개발을 위해 몇십만 명의 성인을 대상으로 백신의 효능을 시험한 결과도 데이터이다. 네이버, 구글, 유튜브, 넷플릭스 같은 인터넷 기업에서 이용자들의 접속 기록, 검색 및 동영상 시청 이력도 역시 데이터이다.

컴퓨터로 대표되는 전자기록장치가 등장하면서 사람이 일일이 기록하지 않아도 데이터가 쌓인다. 〈뉴욕타임스〉가 하루에 싣는 정보 양은 17세기 평범한 한 사람이 평생에 걸쳐 소비하는 정보 양과 비슷하다고 한다.[2]

실제로 디지털 데이터의 양은 매년 2배씩 증가하고 있고, 그 크기가 무려 44조 기가바이트를 넘는다. 가히 '데이터 폭발'이다.

과거의 데이터는 국가가 소유한 재산이라면 지금은 기업, 민간 조직, 개인 누구나 데이터를 소유할 수 있다. 그렇다면 이처럼 막대한 양의 데이터가 곧 힘, 권력이 될 수 있을까?

꼭 그렇지만은 않다. 인구조사 결과나 호적은 그 자체가 정제된 정보이므로 데이터의 크기가 작지만 하나하나 매우 중요한 정보이다. 하지만 폭발적으로 늘어난 현대의 데이터는 그 반대이다. 유용한 정보는 데이터 속에 숨어 있다.

통계학은 '데이터를 다루는 과학'이며 통계는 '서로 잘 이어지도록 가공된 정보'이다. 데이터 없이는 통계도 없다.

현대 통계학은 여기서 그치지 않는다. 이렇게 구한 '정보'가 얼마나 정확한가? 이 밑도 끝도 없어 보이는 질

　　　　　　　　　　　수학보다 데이터 문해력

문의 대답을 찾기 위한 부단한 노력이 곧 통계학이다. 통계는 통계학과 같지 않다. 이는 수와 수학이 다르고, 물리현상과 물리학이 다르고, 생명체와 생명과학이 다른 것과 같은 이치이다.

05

데이터는 어떻게
정보가 되는가?

사람들은 합리적인 의사결정을 위해서 데이터를 찾는다. 인터넷 브라우저나 스마트폰의 네이버 지도에서 맛집을 검색하면 여러 유용한 정보를 쉽게 찾을 수 있다. 우리는 그 동네의 식당 명단과 함께 별점, 방문자와 블로거의 논평 같은 '정보'를 기반으로 이번 주말에 친구들과 갈 음식점을 정한다.

정부도 데이터를 구한다. 2020년 대한민국 통계청이 발표한 인구주택총조사에 따르면 1인 가구 비중은 전체 가구 수의 31.7%이며 점점 증가하는 추세에 있다. 그리고 1인 가구 중 20대는 19.1%, 70대 이상이 18.1%라고 한다. 이 정보를 바탕으로 정부는 1인 가구에 대한 사회보장 정책을 세운다.

그렇다면 데이터는 곧 정보일까? 정리되지 않은 데이터는 쓰레기 밭과 같다. 데이터를 잘 정리해 필요한 정보를 톺아보아야 할 필요가 있다. 데이터를 정리하고 요약해 의미가 통하도록 하는 것. 우리가 흔히 상상하는 '통계'이다.

잘 정리된 것처럼 보이는 인구주택총조사 결과는 그 자체로 통계 수치이지만 이마저도 충분하지 않다. 1인 가구 비중이 31.7%이므로 우리나라 사람 셋 중 하나는 혼자 사는가? 그렇지 않다. 대한민국의 전체 가구 수는 약 2,000만 가구이다. 혼자 사는 인구수는 약 660만 명, 전체 인구의 약 12%일 뿐이다. 참고로 대한민국 전체 가구 수, 1인 가구 수와 전체 인구수는 통계청 국가통계포털에서 찾아볼 수 있다. 정보의 원천이 곧 데이터이지만 데이터로부터 유용한 정보를 뽑아내는 것은 간단하지 않다.

기업의 경우를 살펴보자. 가맹점 수가 몇백 개씩 되는

소매 기업들은 흔히 포스기라고 부르는 판매시점정보관리기를 이용해 각 점포의 품목별 판매량과 매출을 실시간으로 관리한다. 이 방대한 데이터는 어딘가의 서버에 쌓인다. 데이터에 기반한 영업을 장려하고 싶은 이 기업의 대표는 판매량과 매출 데이터를 직원들과 점장들에게 공유한다.

대표는 원하는 목표를 이룰 수 있을까? 그렇지 않다. 방대한 데이터는 접근조차 쉽지 않다. 제아무리 매출이 높은 지점과 잘 팔리는 제품을 확인해도 데이터의 표면에서는 쉽게 그 답을 구하기 어려운 질문들도 허다하다. 대표가 원하는 바를 이루려면 먼저 데이터를 정리해 요약하고 패턴을 파악해야 한다. 구슬이 서 말이니 꿰어서 보배를 만들어야 하는 것이다. 어떤 제품이 특정한 점포에서 잘 팔리는 이유는 무엇인지, 다른 점포와 다른 점이 무엇인지 데이터 속에 숨은 '쓸모 있는 정보'를 찾는 과정이 필요하다. 데이터 분석의 중요성이 부각되는 지점이다.

미국의 대통령 선거와 국회의원 선거 결과를 정확하게 예측한 것으로 유명한 미국의 통계학자 네이트 실버(Nate Silver)는 데이터에 신호와 소음이 섞여 있다고 말한

수학보다 데이터 문해력

다.[3] 방대한 데이터에서 신호를 찾는 것은 마치 모래밭에서 바늘을 찾는 것과 다를 바 없다. 바늘을 찾기 위해 모래밭을 전부 뒤집어볼 수도 없다. 숨은 바늘을 찾는 과학, 데이터 밭에서 소음은 걸러내고 신호를 찾는 과학이 곧 통계학이다.

데이터 시각화 ☆☆☆★★

06

백의의 천사 나이팅게일의
장미 그림을 아시나요?

의사에게 〈히포크라테스 선서〉가 있다면 간호사에게는
〈나이팅게일 선서〉가 있다. 간호사의 대명사 플로렌스
나이팅게일. 아마 많은 사람이 흰 간호복을 입고 부상병
을 헌신적으로 돌보는, 말 그대로 '백의의 천사'를 떠올
릴 수도 있겠다. 그러나 나이팅게일은 헌신적인 간호사
그 이상이었다. 그녀는 간호와 보건 분야가 전문인 행정
가이자 영국 왕립 통계학회의 첫 번째 여성 회원인 통계
학자였다.

  나이팅게일이 활동하던 시대에는 오스만 제국과 러
시아 제국이 크림반도를 둘러싸고 전쟁을 벌였다. 현재
우크라이나에 속한 그 지역에서 일어난 전쟁이다. 러시

아를 견제하려는 영국군이 참전하면서 나이팅게일도 부상병을 치료하기 위해 동쪽으로 떠났다. 임시로 지은 치료소는 열악했다. 쥐 떼가 출몰하고, 전염병이 도는 게 일상이었다. 나이팅게일은 부상병 간호보다 더 중요하고 급한 일이 있음을 곧바로 알아차렸다. 실제로 많은 영국 병사가 전투에서 생긴 부상이 아니라 처참한 위생 문제로 목숨을 잃었다. 나이팅게일은 "위생 환경을 개선해야 한다"고 주장했다. 현장에서 보기에는 당연한 사실이지만 런던의 높은 관리들에게는 그저 예산을 더 달라는 불평으로 들릴 뿐이었다.

런던의 높은 관리들을 설득하기 위한 나이팅게일의 전략은 바로 데이터였다. 나이팅게일은 치료소에서 죽은 군인들의 사망 원인을 기록해 표와 그래프로 만들었다. 이 자료를 런던으로 보내 관리들을 끈질기게 설득했고, 몇 달이 지난 후 환기를 개선하고 하수도를 청소하는 등 치료소 환경을 개선할 수 있었다.

나이팅게일이 직접 그려 보냈다는 '장미 그림'은 요즘 식으로 표현하자면 원형 히스토그램이라고 할 수 있다. 매달 사망자 수를 세고 분류한 뒤 시간의 흐름에 따른 변화를 나타내는 그림이다. 장미 한 송이의 열두 꽃

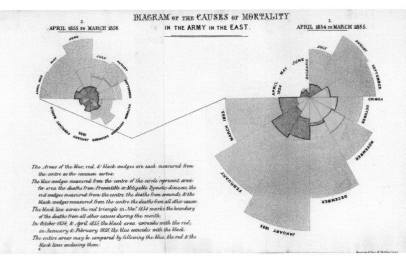

〈그림〉 나이팅게일의 장미 그림

오른쪽은 1854년 4월부터 1855년 3월까지, 왼쪽은 1855년 4월부터 1856년 3월까지
크림반도의 영국군 사망 현황을 보여준다. 질병으로 인한 사망은 파란색, 부상으로 인한 사망은 붉은색,
원인 불명은 검은색 꽃잎이다. (출처: 위키피디아)

잎이 1년 열두 달을 나타내고, 그 꽃잎의 크기가 곧 그달
의 사망자 수를 보여준다. 그중 빨간색 꽃잎은 총상 등
부상으로 인한 사망자 수, 파란색 꽃잎은 부상과 관계없
이 위생 불량, 전염병, 영양실조 등으로 인한 사망자 수
를 나타낸다.

　　〈그림〉의 두 '장미' 중 오른쪽 장미를 먼저 살펴보
자. 한눈에 봐도 파란 꽃잎이 빨간 꽃잎보다 크다. 병사

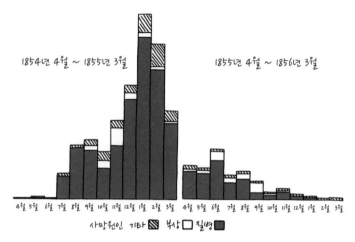

1854년 4월 ~ 1855년 3월   1855년 4월 ~ 1856년 3월

4월 5월 6월 7월 8월 9월 10월 11월 12월 1월 2월 3월   4월 5월 6월 7월 8월 9월 10월 11월 12월 1월 2월 3월

사망원인 기타 ▨ 부상 □ 질병 ■

〈그래프〉 크림 전쟁 영국군 사망자 현황 막대그래프

들의 사망 원인이 부상이 아니라 대부분 위생 불량 때문임을 알 수 있다. 이번엔 오른쪽 장미와 왼쪽 장미를 비교해보자. 왼쪽의 꽃잎 크기, 즉 사망자 수가 확실히 적다. 오른쪽 장미는 환경 개선이 있기 전 1년 동안, 왼쪽은 환경 개선 후 1년 동안 발생한 사망자 수를 나타낸다. 이 〈그림〉은 위생 개선으로 사상자 수를 유의미하게 줄일 수 있다는 강력한 증거로 이용되었다.

　나이팅게일은 이후에도 이 주장을 뒷받침하기 위해 장미 그림을 수차례 그렸다고 알려졌다. 이처럼 데이터

수학보다 데이터 문해력

속 의미를 도표나 그림 형태로 제시하는 것을 '데이터 시각화'라고 한다. 잘 만들어진 데이터 시각화는 열 마디 말보다 강력하다.

장미 그림의 정보를 다시 배열한 앞 페이지 〈그래프〉를 보자. 질병으로 인한 사망이 부상에 의한 사망보다 훨씬 많다는 사실이 더 쉽게 눈에 들어온다. 그리고 환경 개선 공사를 했던 1855년 3월 이후에 사망자 수가 확실히 줄었다는 사실 역시 막대그래프가 장미 그림보다 더 직관적으로 표현하고 있다. 사망자 수는 세로로, 시간의 흐름은 가로로 표현하는 매우 단순하고 효과적인 시각화가 아닐 수 없다.

라플라스가 18세기 프랑스 전체 인구를 계산한 방법

미역국을 끓였다. 소금 간이 적당할까? 맛을 알아보려고 냄비에 담긴 국을 전부 먹어볼 사람은 없다. 국물을 한 숟가락만 맛보면 내가 끓인 미역국 맛을 알 수 있다.

삼성전자에서 새로 나온 접는 핸드폰이 몇 번이나 접을 수 있는지 알아보려고 모든 핸드폰을 10만 번 이상 접어볼 필요는 없다. 마찬가지로 현대자동차에서 출시한 신차가 불량인지 알기 위해 생산된 모든 자동차를 조사하지도 않는다. 유권자가 선호하는 대통령 후보가 누구인지 알기 위해 전체 유권자 모두에게 설문할 필요도 없다. 일부만 조사해도 전체 여론을 대략 알 수 있기 때문이다.

이처럼 전체를 파악하기 위해 일부만 조사하는 것을 '표본 조사'라고 한다. 현대적인 의미의 표본 조사는 그 역사가 겨우 100년이 조금 넘지만[4] 무려 4,000년 전 바빌론의 함무라비 왕 시대부터 부분으로 전체를 추론하는 아이디어가 사용되었다. 18세기 수학자 라플라스는 프랑스 인구를 추산하기 위해 약 700개 코뮌[5]의 인구를 측정할 것을 제안했다.[6] 프랑스 전역에는 약 1만 개의 코뮌이 있었으며, 각 코뮌에서 매년 태어나는 신생아 수는 정확히 보고돼 700개 코뮌의 인구를 알면 간단한 곱셈으로 프랑스 전체 인구를 추산할 수 있다는 주장이었다. 700개 코뮌의 신생아 수를 s, 프랑스 전체의 신생아 수를 S, 그리고 700개 코뮌의 인구수가 b라면 프랑스 전체 인구수 B는 B:S=b:s 관계에 있으므로 다음과 같이 추산할 수 있다.

$$B=(S/s)\times b$$

오늘날 기준으로 보면 몇 가지 오류의 여지가 있지만 라플라스는 성공적으로 프랑스 인구를 보고할 수 있었다.[7]

국물 간을 한 숟가락으로 가늠할 수 있는 이유는 한 숟가락의 국물이 국 전체 맛을 대표하기 때문이다. 만약 냄비 아래에 있는 국물은 짜고 윗부분이 싱겁다면 골고루 섞어서 한 숟가락 뜨면 된다. 미역국에 담긴 소고기와 미역이 익었는지 가늠하려면 한 숟가락에 고기와 미역을 적당히 섞어 맛보면 된다.

　　성공적인 표본 조사의 원칙도 이와 크게 다르지 않다. 표본 조사에서는 골고루 섞는 과정을 무작위 표본 추출에 의존한다. 무작위성에 의존해 '랜덤하게' 표본을 뽑는 방법이 전문가가 신중하게 하나하나 고르는 방법보다 더 '골고루' 섞인 표본을 선정할 수 있다.[8] 잘못 시행된 표본 조사는 국을 골고루 섞는 과정이 생략되었거나 제대로 섞지 않고 싱거운 윗부분만 떠 맛보는 것과 같다.

프로이센 기병대의
병사 사망 사건의 전모

동전 던지기를 하면 앞면이 나올지 뒷면이 나올지 예측하기 어렵다. 앞면과 뒷면이 나올 가능성이 똑같아서 특별히 하나를 골라 맞히기 어렵다.

그렇다면 동전 던지기 결과에는 아무런 패턴이 없는 것일까? 아니다. 앞면이 나올 확률이 절반, 뒷면이 나올 확률이 절반이라는 패턴이 있다. 이처럼 그 결과가 예측 불가능하고 무작위성을 띠는 사건의 패턴을 확률로 기술한 것을 '확률분포'라고 부른다. 정확히 어떤 값이 나올지는 알 수 없지만 확률분포를 이용하면 그 불확실성을 체계적으로 이해할 수 있다는 뜻이다.

19세기 프로이센 왕국은 그 당시 유럽의 여느 강대국처럼 기병대가 군대의 주력이었다. 실제로 프로이센에는 150마리의 말과 기병으로 이루어진 기병대가 55개나 있었다.

그런데 기병대의 큰 골칫거리 중 하나는 말이 버둥거리는 뒷발에 맞아 사망하는 병사가 무시하기 힘들 정도로 많다는 사실이었다. 어떤 기병대에서는 한 해에 4명이나 말 뒷발차기로 사망했다. 150여 명의 기병 중 4명이나 사망했으니 단단히 잘못되었다. 사망 사고가 발생한 기병대 대장은 징계를 받아야 마땅해 보인다.

이때 러시아 태생의 프로이센 통계학자 라디슬라우스 보르트키에비치가 나섰다. 그는 20여 년 동안 프로이센 기병대에서 말 뒷발차기에 의해 사망한 사례를 모두 조사했다. 그리고 한 해에 4명이나 말 뒷발차기에 의해 사망하는 불행한 사건이 순전히 우연일 확률이 높다는 사실을 발견했다. 기병들이 아무리 규율을 지켜도, 대장이 철저하게 감독해도 순전히 운이 없어 4명의 사망자가 발생할 수 있다는 것이다.

수학보다 데이터 문해력

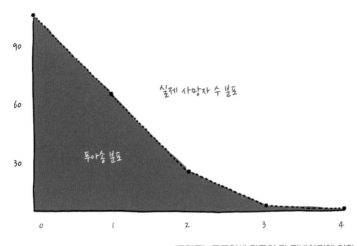

<그래프> 프로이센 왕국의 말 뒷발차기에 의한
연간 기병대별 사망자 수의 분포(점선)와 푸아송 분포(녹색)

실제로 말 뒷발차기에 의한 사망 사건은 매우 드물다. 어떤 기병대에서는 20년 동안 단 1명의 사상자도 없었다. 프로이센 기병대에서는 매해 평균 0.61명이 말 뒷발차기에 의해 사망했다.

이와 같은 말 뒷발차기에 의한 사망처럼 누구에게나 발생할 수 있지만 실제로 매우 드물게 일어나는 사건은 '푸아송 분포'라고 불리는 특별한 확률분포를 따른다.[9] <그래프>에서 보듯이 실제 말 뒷발차기 데이터는 이 푸아송 분포와 놀랍도록 일치한다. 보르트키에비치의 이론이 데이터로 검증된 것이다. 무작위의 패턴을 파악한 보르트키에비치는 불운한 기병대 대장을 실직으로부터 구했을지 모른다.

랜덤의 패턴을 파악하면
의사결정이 쉬워진다

유치원에 다니는 아들이 발표회를 한다고 했다. 그래서
물었다. "보통 엄마 아빠가 몇 명이나 오시니?" 아들이
대답했다. "몰라." 다시 물었다. "왜 몰라? 몇 분이나 오
셔?" 아들은 다시 대답했다. "그걸 어떻게 알아, 할 때마
다 다른데. 랜덤이라고. 모르는 게 당연하지." 핸드폰 게
임과 유튜브에 익숙한 아이는 '랜덤'이란 단어를 정확히
알고 있다. 아이 말에는 일리가 있다. 할 때마다 다를 수
밖에 없는 발표회 참석 인원을 정확하게 예측할 수는 없
다. 그러나 유치원 선생님에게 여쭤보면 원하는 답을 얻
을 수 있다. 부모와 가족 참석자는 대략 20~30명이라고
한다.

아이에게 랜덤은 예측 가능하지 않다. 그래서 아무 답도 줄 수 없다고 생각한다. 하지만 유치원 선생님은 랜덤인 사건에서도 패턴을 파악한다. 랜덤 또는 무작위란 규칙성이 없거나 정형화된 양식이나 패턴이 없고 예측 가능하지 않은 성질이다.[10] 그렇다고 해도 랜덤에는 체계가 있고, 규칙이 있다.

유치원 선생님이 파악한 패턴은 바로 '범위'이다. 발표회 참석자 수는 변할 수 있는 수이므로 '변수'라고 부른다. 이 변숫값은 통제할 수 없고 예측 불가능한 랜덤한 수이므로 '랜덤변수'라고 부르자. 혹시 '확률변수'라는 단어를 들어보았다면 확률변수와 랜덤변수는 같은 말이다.[11] 랜덤변수 값은 알 수 없지만 유치원 선생님처럼 그 변수가 가질 수 있는 범위를 파악하는 것은 가능하다.

다음 페이지에 나오는 〈그래프〉는 20~30명 사이에서 값을 보여주는 발표회 참석자 수의 세 가지 분포를 보여준다. 만약 20~30명 중 몇 명일지 아무 단서가 없다면

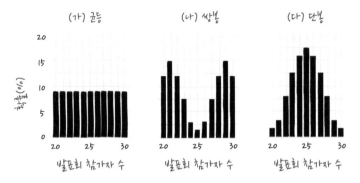

〈그래프〉 발표회 참가자 수의 여러 가지 분포

첫 번째 '균등분포'가 어울린다. 참석자가 20~30명 중 하나일 가능성이 모두 같으므로 각각의 확률이 1/11로 모두 같다. 두 번째와 세 번째 그래프는 훨씬 많은 정보를 내포한다. 만약 〈그래프〉 (나)와 같은 '쌍봉' 형태의 분포라면 참석자 수가 25명일 가능성이 작다는 뜻이다. 반면 (다)와 같은 '단봉' 형태라면 참석자 25명 주변일 가능성이 크다. 이 경우에는 의자를 28개만 준비해도 100번 중 95번 이상은 모두 앉을 수 있다. 그런데 (나)의 경우라면 행사 진행자는 참석자가 20명 정도일 경우와 30명 정도일 경우의 두 가지 시나리오를 모두 염두에 두어야 할 것이다.

랜덤인 변수의 값이 어느 정도의 가능성과 확률로 특정한 값이 될지 정리한 것을 분포라고 한다.[12] 확률로 표현되는 분포이므로 확률분포라고 부르기도 한다. 확률분포를 안다면 랜덤의 패턴을 정확히 아는 셈이다.

랜덤한 변수의 패턴을 확률분포로 정확히 기술한다고 해도 이것을 이해한 뒤 의사결정에 활용하는 것은 여전히 어렵다. 그래서 분포의 패턴을 평균, 중앙값, 최빈값(가장 자주 관측되는 값) 등으로 요약한다. 유치원 선생님이 이용한 확률분포의 범위 역시 좋은 요약이다. 분포의 퍼진 정도를 기술하는 표준편차와 분산 역시 좋은 요약이다. 여기서 더 나아가 통계학에서는 분포의 치우침, 분포의 가운데가 뾰족한 정도나 양 끝 '꼬리' 부분이 뚱뚱한 정도 등 다양한 지표가 쓰인다.

랜덤이라고 모두 같지 않다. 패턴을 파악하면 확률적으로 더 좋은 의사결정이 가능하다.

10 ★★★★★

피아노 조율사의
오묘한 확률 이야기

오케스트라가 연주를 시작하기 전에 바이올리니스트가 한 음을 내면 다른 악기 연주자들이 모두 같은 음을 낸다. 악기마다 조율된 음높이가 같은지 확인하는 과정이다. 이 음을 콘서트 음높이 또는 표준 조율음이라고 한다. 계이름으로 하자면 '라'에 해당하는 음높이이다. 국제표준화기구는 표준 조율음 라의 진동수를 440헤르츠(Hz)로 정하고 있다. 1초에 440번 진동한다는 뜻이다.

'도레미파솔라시도'는 음의 높이를 나타내는 이름이다. 음의 높이는 소리의 진동과 연관되는데 진동이 빠르면 높은 음이고, 느리면 낮은 음인 식이다. 그렇다면 높은 '도'의 음높이는 어떨까? 음계가 하나 올라갈 때 그

전 음의 진동수에 $\sqrt[12]{2}$ 만큼 곱한 진동수를 가진다고 한다. 읽기도 어려운 이 숫자는 소수 표기로 쓰자면 끝도 없는 수이다.

$$\sqrt[12]{2} = 2^{\frac{1}{12}} \approx 1.059463\cdots$$

피아노 건반의 라에서 높은 도까지 가려면 검은건반을 포함해 세 칸을 오른쪽으로 가야 한다. 그러니까 높은 도의 진동수는 다음과 같다.

$$440\text{Hz} \times \sqrt[12]{2} \times \sqrt[12]{2} \times \sqrt[12]{2} \approx 523.2511\cdots\text{Hz}$$

그렇다면 피아노 조율사는 어떻게 피아노 줄을 손으로 당겨 정확히 440Hz의 진동을 맞출 수 있을까? 높은 도의 음정을 맞추는 것은 더 어렵지 않을까? 손 감각만으로 정확히 음높이가 523.2511Hz에 가닿게 조율하는 것이 가능할까?

아무리 천부적인 감각을 지녔더라도 높은 도의 진동수는 523.2511이 아니라 523.251130601⋯ 끝없는 무리수에 맞춰야 한다. 그래서 국제표준화기구가 정한 그대로 음높이를 조율하는 것은 불가능하다.

여기서 퀴즈를 하나 낸다.

민감한 귀를 가진 조율사가 피아노 건반 라의 음정이 표준 조율음과 1Hz 이상 차이나지 않게 조율할 수 있다고 하자. 그가 조율한 라의 음높이는 339Hz에서 441Hz 사이의 어떤 진동수를 갖는다. 음높이가 정확히 440Hz일 확률은 얼마일까?

확률을 계산하는 가장 기본적인 방법은 가능성을 생각하는 것이다. 440Hz가 기준이므로 339Hz는 오차 -1로, 441Hz는 오차 +1로 생각하자. 오차 -1과 +1 사이에는 몇 개의 가능성이 있을까? 만약 0.1 단위로 생각한다면 20개의 가능한 음높이가 있다. 각각 1/20의 확률을 갖는다. 그런데 0.01 단위로 생각한다면 200개의 가능한 음높이가 있다. 각각 1/200의 확률을 갖는다. 숫자를 더 잘게 나누어, 0.00001 단위로 생각한다면 20만 개의 가능한 음높이가 있다. 이렇게나 많은 가능성을 고려한다 해도 피아노 조율사가 조율할 음높이를 모두 포함할 수 없다. 오차 -1과 +1 사이에는 무수히 많은 수가 있기 때문이다. (√2를 생각하자) 무수히 많은 수가 각각 어느 확률값 p를 가진다고 해보자. 예를 들면 오차가 0일 확률이 p, 오차가 0.1일 확률 p, 오차가 0.01, 0.001, 0.0001일 확률이 각각 p와 같은 식이다. 생각할 수 있는 가장 작은 수를 p에 대입해도 좋다. 이 확률을 모두 더하면 어떻게 될까? 가능한 값이 무한히 많으므로 확률의 합은 다음과 같다.

$$p+p+p+p+\cdots=p \times \infty = \infty$$

즉 무한대이다. 확률 p를 아무리 작게 한다고 한들 전체 확률은 여전히 무한대이다. 그러나 확률이 100%를 넘을 수는 없다. 이 모순을 해결하려면 각 숫자의 확률은 0일 수밖에 없다. 그런데 이번에는 다른 문제가 발생한다. 0%의 확률값은 그것을 아무리 모아도 100%가 될 수 없다.

$$0+0+0+0+\cdots=0 \times \infty = 0$$

이 곤란한 문제는 음높이처럼 연속적인 숫자의 분포를 고려할 때면 언제나 발생한다. 정류장에서 버스를 기다리는 시간이 정확히 5분일 확률은 0%이다. 5분 1초일 확률 역시 0%이다. 하지만 1시간 이내로 버스가 올 확률이 0%일 수는 없다. 이처럼 셀 수 없을 정도로 무수히 많은 수의 확률을 계산하기 위해서 어떤 한 값의 확률 대신 범위의 확률을 이용한다. 피아노 조율사가 조율한 음높이가 정확히 440Hz여서 오차가 0일 확률은 0이지만, 오차가 -0.1에서 +0.1 사이의 한 값일 확률은 10%가 되는 식이다.

연속적인 수 중 하나의 확률은 항상 0이다. 그래서 이 값의 '가능성'은 확률이 아닌 확률밀도라는 오묘한 값으로 표시한다. 확률밀도는 100%가 넘을 수도 있는 값으로 확률과는 다르다. 연속적인 수의 분포를 나타내는 '정규분포'는 그래서 확률이 아닌 확률밀도를 이용한다. 두 확률의 더하기를 할 수 있는 것과 비슷하게 확률밀도는 어느 범위에서 '적분'하여 그 범위의 확률을 구한다. 이제 앞에서 한 말을 정정하겠다. 0%의 확률도 ^(확률밀도를 이용해) 모으면 100%가 될 수 있다.

0%의 확률을 가진 사건은 불가능한 사건일까? 피

아노 조율사가 조율한 음높이가 정확히 어떤 값일 확률은 0%이다. 어떤 값이든 마찬가지이다. 그런데 피아노 조율사가 조율을 마치고 나면 그 음높이는 확률 0%의 수 중 하나이다. 0% 확률의 사건도 발생할 수 있다. 다만 그 값을 미리 아는 것은 불가능하다.

11

목사의, 목사에 의한, 목사를 위한 통계

불확실성과 가능성을 표현하는 확률은 여러 철학자의
관심을 사로잡았다.

경험주의를 완성했다고 평가받는 18세기 철학자
데이비드 흄(David Hume)은 《인간 이해력에 대한 탐구》에
서 확률에 대한 그의 사상을 펼치면서 어떤 가능성이 다
른 가능성보다 더 크다고 믿을 수단은 곧 경험뿐이라고
주장했다. 같은 맥락에서 흄은 '종교적 기적'에 대해 여
지없이 의문을 드러냈다. 예수의 재림을 목격하는 '경
험'이 가능할 수도 있지만 실제로 인간은 한 번 죽으면
다시는 살아나지 못한다는 (수천 년의 경험으로 구축한) 상식과
비교하면 해가 서쪽에서 뜨는 것만큼 불가능한 일이다.

기적의 가능성은 죽으면 끝이라는 상식적인 경험의 가능성에 비해 티끌보다 작으므로 있을 수 없는 일이다. 흄의 경험주의 철학은 당대는 물론 현대 과학자들에게 매우 큰 영향을 미쳤다.

모두 그랬던 것은 아니다. 흄의 주장이 마음에 들지 않았던 영국의 목사 토머스 베이즈(Thomas Bayes)는 흄이 틀렸다는 것을 증명하기 위해 막연하고 모호한 '가능성'을 확률이라는 숫자로 표현하려고 했다. 논리학과 수학에 조예가 깊었던 베이즈가 고안한 간단한 사고실험을 이해하기 쉽도록 조금 각색해보겠다.

　이안이와 시연이는 학교에서 공부 잘하기로 소문난 학생들이다. 어느 날 학교에서 시험을 보았는데 기출문제와는 매우 다른 시험문제가 출제되었다. 일등을 도맡아하던 이안이는 시험을 망쳤다며 울상인데, 시연이에게 절대 점수를 가르쳐주지 않는다. 이안이의 점수가 너무 궁금한 시연이는 한 가지 제안을 한다. 시연이가 임의의 점수를 제시하면 이안이가 그보다 높은지 낮은지만 말해주는 것이다. 시연이가 30점을 제시하고, 이안이가 그보다 낮다고 대답한다면 정말 시험을 망쳤다는, 불가능할 것만 같은 사건이 실제로 벌어진 것이다. 만약 시연이가 여러 번 물어볼 수 있다면 이안이의 점수에 대한 시연이의 추측은 더욱더 정확해진다. 이와 마찬가지로 예수의 재림이나 인간의 환생처럼 불가능할 것 같은 사건도 다양한 증언이 더해지면 실제로 벌어졌을 확률은 점점 더 커질 수 있다. 따라서 환생할 가능성이 매우 작다는 데 기초한 흄의 논증이 잘못되었다고 베이즈는 생각했다.

눈물을 흘리는 성모마리아상이 있다. 수많은 사람이 이 기적을 목격했다고 증언한다. 정말 기적일까? 정말 종교적 기적이라면 목격자가 있는 것은 당연하다. 이를 굳이 확률로 표현하면 100%이다. 베이즈가 정량화하려던 확률은 조금 다르다. 수많은 목격자가 있을 때 정말 종교적 기적이 있어났을 확률이다. 종교적 기적이 일어났든 그렇지 않든 과거 일이지만 그 진위에 대한 우리의 무지 정도를 확률로 표현하는 것이다. 두 확률은 조건과 결과가 뒤바뀌어 있다.

종교적 기적이 행해졌을 때, 기적을 목격할 확률

또는 Pr('목격'|'기적')

기적을 목격했을 때, 진짜 종교적 기적일 확률

또는 Pr('기적'|'목격")

이처럼 조건을 두었을 경우 결과에 대한 확률을 조건부 확률이라고 부른다. 위 수식에서 'Pr'은 확률(Probability)을 뜻하며 이 수식은 뒤에서부터 읽는 것이 편하다. 즉 Pr('결과'|'조건')은 어떤 조건 아래에서 결과의 확률이다. 이 두 확률은 표현뿐만 아니라 그 값도 다르다. 첫 번째 확률 Pr('목격'|'기적')이 100%라고 해서 두 번째 확률도 100%여야 하는 것은 아니다. 실제 기적을 보았다는 목격담이 있어도 그 '기적' 자체가 사기일 경우를 배제할 수 없기 때문이다.

베이즈는 비슷해 보이지만 매우 다른 이 두 확률을 엮는 방법을 간단한 식으로 표현했다. 이것이 그 유명한 '베이즈의 법칙'이다. 간단히 표현하자면 다음과 같다.

수학보다 데이터 문해력

$$\Pr(A|B) = \frac{\Pr(B|A)\Pr(A)}{\Pr(B)}$$

A와 B의 위치에 '기적'과 '목격'을 넣어보면 조건과 결과가 뒤바뀐 두 조건부 확률을 연결할 수 있는 수식이 된다. 조건과 결과의 순서가 다른 두 조건부 확률을 엮는 베이즈의 방법은 불확실성을 다스리고 추측을 더욱 정교하게 하는 다양한 통계 방법론으로 발전했다. 의학이라면 질병이 있을 때 어떤 증상이 발현될 확률을 뒤집어 그 증상이 있을 때 질병이 있을 확률을 계산하는 식이다. 전쟁에서는 적군의 위치에 대한 예측, 뇌과학에서는 감각에 따른 뇌 반응, 공학에서는 자율주행차의 주변 환경 감지 등 통계가 응용되는 모든 분야에 베이즈의 법칙이 쓰인다고 해도 과언은 아니다.

공교롭게도 대표적인 경험주의자인 흄을 반박하는 베이즈의 논증 역시 반복되는 관측이나 경험이 매우 중요한 역할을 한다. 기적이 존재하든 그렇지 않든 반복적인 관측, 경험, 데이터는 논증에 필수적인 셈이다.

12

고인돌 가족 이야기
내일도 해는 동쪽에서 뜰까?

석기시대의 고인돌 가족에게 세상은 두려움 그 자체였다. 동굴에 사는 이 가족의 막내아들은 아침 해가 동굴 앞 작은 언덕 쪽에서 솟아오르는 모습을 발견한다. 내일도 언덕 쪽에서 해가 뜰까? 엄마는 해가 항상 동쪽에서 떠오른다고 말하지만 호기심 가득한 막내아들은 곧이곧대로 믿지 않는다. 막내아들은 이렇게 생각한다. 내일 해가 언덕 쪽에서 뜰지, 거꾸로 동굴 쪽에서 뜰지는 알 수 없다.

　이튿날 막내아들은 해가 언덕 쪽에서 떠오르는 것을 보고 이렇게 생각한다. 어쩌면 해는 언덕 쪽에서만 떠오를지도 몰라. 다음 날도, 그다음 날도, 해가 언덕 쪽에서 떠오르는 광경을 본 막내아들은 결국 엄마 말이 맞았다고 생각한다.

자연현상에 대한 막내아들의 무지를 확률로 표현해보자. 해가 동쪽에서만 뜬다는 엄마의 말(이를 '가설'이라고 하자)과 제멋대로 뜬다는 막내아들의 가설 중 한쪽 손만을 들어줄 수 없다. 하지만 청개구리인 막내아들은 엄마의 가설이 사실일 확률은 1%, 자신의 확률은 99%라고 믿는다. 엄마의 가설이 사실이라면 해는 동쪽에서만 떠야 하지만, 막내의 가설이 사실일 때는 해가 오늘은 동쪽에서 내일은 서쪽에서 제멋대로 떠오를 것이다. 해가 남쪽이나 북쪽에서 뜨는 사건은 생각하지 않았다. 해가 동쪽에서 뜰 비율과 서쪽에서 뜰 비율은 간단히 각각 50%라고 하자. 막내아들은 매일 아침 해가 떠오르는 방향을 관찰한 뒤 엄마의 가설이 사실일 확률을 업데이트한다.

　해는 언제나 동쪽에서만 떠오를 것이므로 해돋이 방향은 오늘도 내일도 동쪽이다. 베이즈의 법칙을 이용하면 엄마의 가설이 사실일 때 해가 동쪽에서 뜰 확률을 뒤집어 해가 동쪽에서 뜰 때 엄마의 가설이 사실일 확률을 계산할 수 있다. 아직 아침이 밝기 전에 막내아들은 엄마의 가설이 맞을 확률은 고작 Pr('엄마 가설')=1%라고 생각한다. 동이 트고, 해가 동쪽에서 떠오르면 엄마의 가설이 사실일 확률이 다음과 같이 상승한다.

P('엄마 가설'|'해가 동쪽에서 떠오름')=1.98%

P('엄마 가설')=1%에서 P('엄마 가설'|'해가 동쪽에서 떠오름')=1.98%로 변하는 확률 계산은 베이즈의 법칙을 이용한다. 간단히 표기하기 위해 '엄마 가설'을 '가설', 막내아들의 가설을 '막내 가설', 해가 동쪽에서 떠오르는 사건을 '해'라고 하면 다음과 같이 계산된다.

$$P(가설|해)$$

$$= \frac{P(해|가설)P(가설)}{P(해|가설)P(가설)+P(해|막내\ 가설)P(막내\ 가설)}$$

$$= \frac{1 \times 0.01}{1 \times 0.01 + 0.5 \times (0.99)} = 0.0198$$

수학보다 데이터 문해력

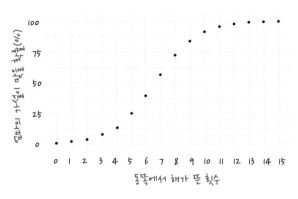

〈그래프〉 고인돌 가족 막내가 업데이트하는 엄마의 말이 맞을 확률

이틀이 지나면 이 확률은 P('엄마 가설'|'해가 동쪽에서 두 번 떠오름')=3.9%로 상승하고, 단 보름 만에 무려 99.7%까지 치솟는다.

하루가 지날 때마다 상승하는 엄마의 가설이 맞을 확률은 〈그래프〉에서 확인하자. 날이 갈수록 데이터가 쌓이고, 이 데이터가 막내아들의 믿음을 '업데이트'한다. 새로운 현상을 탐구하는 우리의 두뇌는 이처럼 몇 가지 가설을 두고 관찰과 상호작용의 데이터를 통해 그중에서 가장 그럴듯한 가설을 선택한다. 우리의 사고 과정이 이러한 확률 업데이트의 과정을 거친다는 주장이 곧 베이즈 두뇌 가설이다. 우리의 뇌가 실제로 이러한 과정을 거치는지 모르겠지만 현대의 인공지능 두뇌는 이와 같은 베이즈 두뇌 가설에 따라 스스로 학습한다.

고인돌 가족 막내아들이 업데이트하는 엄마의 말이 맞을 확률은 이렇게 날이 지날수록 높아진다.

감별사와 낚시꾼, 어쩌면…

Data Literacy over Mathematics

While nothing is more uncertain

than a single life,

nothing is more certain

than the average duration

of a thousand lives.

한 사람의 인생처럼 불확실한 것은 없지만,
천 사람의 인생의 평균처럼 확실한 것도 없다.

— 엘리저 라이트(Elizur Wright)

13

홍차 감별사와
현대 통계학의 태동

영국의 국민 음료는 단연 홍차이다. 20세기 초 영국의 로담스테드 농업연구소에서 일하던 생리학자 무리엘 브리스톨(Muriel Bristol) 박사도 홍차 애호가였다. 어느 날, 농업연구소 직원 중 하나인 로널드 피셔(Ronald A. Fisher)가 브리스톨 박사에게 홍차를 타서 권했다. 그녀는 거절했다. 잔에 차보다 우유를 먼저 따랐다는 것이 이유였다. 차를 먼저 따른 뒤에 우유를 따라야 진짜 영국식 홍차이다. 브리스톨의 주장이다. 피셔는 우유를 먼저 따르든 홍차를 먼저 따르든 맛에 차이가 있을 리 없다고 화를 냈고, 이 사달을 지켜보던 브리스톨 박사의 남편 윌리엄 로치는 작은 실험을 제안했다.

브리스톨 박사는 우유를 먼저 따른 홍차와 차를 먼저 따른 홍차를 정말 구별할 수 있을까? 로치의 실험은 다음과 같았다. 우유-차, 차-우유 순서로 따른 홍차 3잔을 각각 준비한 뒤에 브리스톨 박사가 맛을 구별할 수 있는지 알아보는 것이었다. 얼마나 정확히 맞혀야 브리스톨 박사가 홍차 맛을 감별해낼 수 있다고 인정할까? 3잔의 차-우유 홍차를 모두 맞혀야 홍차 감별사일까? 셋 중 둘만 골라낼 수 있어도 충분할까?

'차 마시는 여인' 실험으로 알려진 이 흥미로운 일화에는 사실 현대 통계학의 핵심 아이디어가 담겨 있다. 여기 대립하는 두 주장이 있다.

1. 브리스톨의 주장: 브리스톨 박사는 홍차 감별사이다.
2. 피셔의 주장: 브리스톨 박사는 사기꾼이다. 맛을 구별하지 못한다.

피셔는 브리스톨 박사가 맛을 구별하지 못하더라도

우연히, 운이 좋아서, 차-우유 순으로 따른 홍차를 맞힐 수 있다고 보았다. 만약 맛을 구별하지 못한다면 그녀는 6잔 중 3잔을 그저 느낌대로 고를 뿐이다. 피셔의 머릿속으로 들어가 보자. 브리스톨 박사는 맛을 구별하지 못한다. 따라서 그녀가 선택할 3잔은 6잔의 홍차 중 셋을 무작위로 고른 것일 뿐이다. 이때 '우연히' 차-우유 순으로 탄 홍차 3잔을 모두 고를 가능성은 얼마나 될까?

6잔의 홍차에 ①, ②, ③, ❹, ❺, ❻ 숫자를 붙여보자. ❹, ❺, ❻번 잔에 그녀가 원하는 차-우유 홍차가 있다. 맛을 구별하지 못하는 브리스톨 박사는 ①, ②, ③번이나 ①, ②, ❹번 잔을 고를 수도 있고, ❹, ❺, ❻번 잔을 골라 세 정답을 모두 맞힐 수도 있다. 〈표〉와 같이 모

	브리스톨 박사의 선택	나머지 3잔
1	①②③	❹❺❻
2	①②❹	③❺❻
3	①②❺	③❹❻
...	...	...
19	③❺❻	①②❹
20	❹❺❻	①②③

〈표〉 브리스톨 박사가 6잔 중 3잔을 고르는 모든 경우

　　　　　　　　　　수학보다 데이터 문해력

든 경우를 나열하면 20가지 다른 답이 가능함을 알 수 있다.

　6개 중 3개를 고르는 경우의 수 20은 고등학교 수학 시간에 배우는 조합으로 찾을 수 있다. 6잔 중 3잔을 고른다면 첫 잔은 6개 중 하나, 두 번째는 남은 5개 중 하나, 세 번째 선택은 4개 중 하나이므로 $6 \times 5 \times 4 = 120$가지의 다른 순서로 고를 수 있다. 이때 ①②③을 답으로 고른 것과 ①③②, ③②① 등을 답으로 고른 것은 모두 같으므로 세 숫자를 나열하는 가짓수 $3 \times 2 \times 1 = 6$개만큼의 똑같은 답들이 120가지 경우에 반복해 있다. 따라서 서로 다른 답들의 가짓수는 120/6=20이다.

　이 중 3잔을 모두 맞히는 경우는 마지막 단 하나이므로 브리스톨 박사가 요행히 모두 맞히는 경우는 20가지 중 하나, 확률 5%밖에 되지 않는다. 사기꾼인 브리스톨 박사가 3잔을 모두 맞히는 일은 매우 드물고 일어나기 어려운 일이다.

　생각을 끝낸 피셔는 3잔의 차-우유 홍차를 모두 맞혀야 브리스톨 박사를 인정할 수 있다고 주장했다. 브리스톨 박사가 3잔을 모두 맞히는 사건은 피셔의 주장(브리스톨 박사는 사기꾼)과 모순되므로, 피셔는 자신의 주장을 접고 브리스톨 박사가 홍차 감별사임을 믿을 수 있게 되는 것이다.

역사에 기록된 이 사건에는 사실 8잔의 홍차가 동원되었다. 브리스톨 박사는 그중 4잔을 정확히 맞혔다고 전해진다.

이 이야기에 등장하는 로널드 피셔는 현대 통계학의 아버지라 부를 만한 인물이다. 피셔는 통계학뿐 아니라 통계적 절차를 통해 과학적 결론을 내리는 모든 실험 과학 분야에 지대한 영향을 미쳤다. 과학, 농학, 화학, 공학 등에서 효율적으로 실험을 계획하고 논리적인 결론을 내리는 방법을 통계적으로 풀어 쓴 《실험계획법(The Design of Experiments)》에서 피셔는 이 차 마시는 여인 이야기와 함께 확률 5%보다 작게 일어나는 사건을 '드문 사건'이라 칭했다. 새로운 과학적 가설(브리스톨 박사는 홍차 감별사)을 채택하기 전에 기존 가설(브리스톨 박사는 사기꾼)이 사실일 때 관찰된 사건이 얼마나 드물고 희귀한 일인지 확률적으로 가늠한다. 이 값이 작다면 관찰된 데이터와 기존의

수학보다 데이터 문해력

가설이 모순되므로 새로운 과학적 가설을 채택할 수 있다. '통계적 가설검정'이라고 불리는 이 방법이 곧 데이터에 기반한 과학적 발견의 기초적 논리와 절차이다.

데이터는
변덕이 심하다

농림축산식품부는 '2020년 동물보호에 대한 국민 의식 조사'에서 전국 638만 가구에서 애완동물을 키운다고 발표했다. 이 조사는 638만 가구 모두에게 답을 들어 알 수 있었을까? 그렇지 않다. 국민 5,000명을 대상으로 의견을 구한 표본 조사이다. 이처럼 전체 인구에 대한 답을 일부 값으로부터 추론하는 방법이 통계학의 주요 관심사이다.

　한 나라의 통계 지표나 기업의 데이터로부터 계산된 통계는 부분으로 전체를 설명하려는 노력의 일환인 경우가 많다. 그렇다면 5,000명의 표본이 우리나라 전체 인구를 대표할 수 있을까? 이 표본에 '우연히' 애완동물을 키우는 사람이 많았다면 그 답을 신뢰할 수 있을까?

통계학자는 표본 조사에서 결과가 어떻게 달라질 수 있을까 생각한다. 조사한 5,000명 중 1,595명이 애완동물을 키운다고 대답했다. 대략 2,000만 가구 중 1595/5000=31.9%인 638만 가구가 애완동물을 키운다는 답을 구한다. 그런데 이 답이 정확할까? 만약 애완동물을 키우는 가구 비율이 사실은 30%이고, 5,000가구의 표본을 '랜덤'하게 선정했다면 어떤 조사 결과가 나올 수 있었을까?[1]

　다섯 가구의 표본을 선정한다고 하자. 이 표본이 우연히 애완동물을 키우는 가구만으로 이루어질 수 있을까? 가능하다. 다섯 가구 표본 중 첫 번째 가구가 우연히 애완동물을 키울 확률은 30%이다. 두 번째 가구부터 다섯 번째 가구까지 애완동물을 키울 확률 또한 각각 30%이다. 따라서 표본에 선정된 다섯 가구 모두 애완동물을 키우고 있을 확률은 30%×30%×30%×30%×30%=0.243%로 매우 작다. 표본 선정을 1만 번 한다면 그중 24번밖에 나오지 않는 매우 드문 일이다. 다시 말하면 다섯 가구만 조사했을 때 100% 애완동물을 키운다는 믿지 못할 결과는 매우 드물게 나온다. 표본 조사가 '망할' 확률은 매우 낮다는 뜻이다.

그렇다면 다섯 가구 중 한 가구만 애완동물을 키우고 있을 확률은 얼마일까? 무려 36%이다. 한 가구만 30% 확률로 애완동물을 키우고, 나머지 네 가구는 각각 70% 확률로 애완동물이 없다. 이런 표본이 우연히 뽑힐 확률은 30%×70%×70%×70%×70%=7.2%인데, 애완동물을 키우는 한 가구가 표본의 다섯 가구 중 하나라도 해당할 수 있으므로 다섯 가지 경우의 수가 있다. 따라서 5×7.2%=36%이다. 모든 경우를 나열하면 〈표〉와 같다. 다섯 가구만 조사한 표본 조사의 조사된 비율이 정확히 30%가 될 수 없지만 가장 가까운 20%(다섯 가구 중 한 가구) 또는 40%(다섯 가구 중 두 가구)의 조사 결과는 66.9%라는 상당히 높은 확률로 나온다. 물론 실제와 동떨어진 0 또는 60~100%의 믿지 못할 결과도 3번 중 1번 나오므로 정확한 조사라고 할 수 없다.

표본 수가 5,000이었다면 어떨까? 가능한 조사 결과가 무려 5,001가지이므로 전체를 표로 정리할 방도는

수학보다 데이터 문해력

표본 중 애완동물 양육 가구 수	조사 결과(애완동물 양육 가구 비율)	조사 결과가 나올 가능성(확률)
0	0%	16.8%
1	20%	36.0%
2	40%	30.9%
3	60%	13.2%
4	80%	2.8%
5	100%	0.243%
계		100%

〈표〉 다섯 가구 표본을 무작위 선정했을 때 조사 결과의 확률

없다. 몇 가지 경우만 보도록 하자. 5,000가구 중 애완동물 양육 가구 수가 0가구로 조사될 가능성은 없다. 조사 결과 0/5000이 나올 확률은 3/10을 5,000번 곱한 값이다. 상상하기 어려울 만큼 작은 값이므로 0이라고 보면 된다.

조사 결과가 20% 이하로 나올 확률 역시 매우 낮아서 0과 다르지 않다. (다섯 가구의 표본이었을 때는 조사 결과가 20% 이하일 확률이 16.8+36=52.8%였다!) 5,000가구의 조사 결과는 다섯 가구의 조사 결과보다 훨씬 더 정확하다. 조사 결과가 '참값'인 30% 주변인 28~32% 사이에서 나올 확률은 무려 99%이다. 5,000가구 조사는 오차가 2%밖에 되지 않

는다. 오차가 작으니 매우 정확한가, 아니면 오차가 무려 2%나 되는 부정확한 조사인가?

농림축산식품부의 실제 조사 결과는 31.9%였다. 오차가 2%이므로 참값이 30%일 때에도 충분히 나올 법한 조사 결과이다. 그렇다면 참값(실제 대한민국의 애완동물 양육 가구 비율)은 30%일까? 여기에 답하기 위해 다른 참값을 상상해보자. 여기서 참값은 절대로 파악할 수 없는 미지수이다. 우리는 그 미지수를 데이터로 추정할 뿐이다. 참값이 31%라고 가정한 뒤, 위 계산을 반복하면 이번엔 참값 31% 주변인 29~33% 사이의 조사 결과가 나올 확률이 99%이다. 조사 결과 31.9%는 실제 비율이 30%일 때도, 31%일 때도 충분히 나올 법한 값이다. 그렇다면 참값은 무엇일까? 31%일까, 아니면 조사 결과 그대로인 31.9%일까? 표본 조사의 결과는 확실하지 않다. 아무리 정확한 조사여도 몇 퍼센트 오차는 언제나 수반한다. 따라서 정확하지 않은 데이터에 기반한 참값에 대한 추론역시 불확실할 수밖에 없다.

수학보다 데이터 문해력

통계학자는 이 불확실성을 인정하고, 주어진 조사 결과를 해석하는 데 매우 신중하다. 어떤 표본이 선정되느냐에 따라 데이터가 달라지기 때문이다. 데이터가 어떻게, 얼마나 달라질 수 있었을까? 통계학자처럼 생각하려면 먼저 이 질문부터 던지도록 하자.

15

오늘을 무한히
반복해 살기

오늘을 무한히 반복해서 사는 영화 주인공들이 있다.

〈에지 오브 투모로우〉에서 외계인이 침략한 멸망한 지구에서 육군 소령인 톰 크루즈는 끊임없이 죽었다 살아나고, 〈사랑의 블랙홀〉에서 폭설에 갇힌 빌 머레이에게는 시간이 반복되는 마법이 찾아온다.

우리는 하루를 다시 시작할 때, 어제 지난 하루하루를 모두 기억한다. 만약 하루를 반복한다는 자각 없이 오늘을 계속 반복한다면 우리는 새로 하루를 시작할 때마다 다른 선택을 할까, 아니면 늘 같은 선택을 할까?

통계학의 데이터는 전체가 아닌 부분이다. 부분으로부터 결론을 내리기 때문에 언제나 불확실성을 수반한다. 여론조사는 전체 국민 중 일부를 무작위로 선정한다. 오늘 우연히 전화를 받아 여론조사에 응한 국민 1,000명은 만약 오늘이 다시 시작되었다면 전화를 받지 못하거나, 전화가 오더라도 다른 일이 있어 응답하지 않을 수 있다. 통계에서 데이터는 이처럼 무한히 많은 하루하루의 서로 다를 수 있는 값 중 하나일 뿐이다.

우리가 가진 데이터는 우연의 산물이다. 그러니 우연한 값일 뿐인 데이터 그 자체보다 그 안에 숨어 있는 신호를 파악하는 것이 중요하다.

통계학에서는 전체를 모집단이라고 부른다. 영어로 하면 '포풀레이션(population)', 인구 또는 모든 사람이라는 뜻이다. 그리고 이 모집단 일부가 우연히 관측되는 것을 표본이라고 부른다. 더 정확하게 표현하면 표본의 선정 과정이 랜덤일 때 랜덤 표본 또는 무작위 표본이라고 한다. 우연의 요소가 배제된 표본 선정 방법도 있다.

다음 페이지에 나오는 〈그림〉을 보자. 오늘 하루만

기억하는 우리는 데이터로부터 계산한 통곗값, 예를 들
어 여론조사의 표본 1,000명으로부터 계산한 비율 50%
만 보게 되지만 만약 오늘 하루를 다시 산다면 이 값이
40%나 45%일 수도 있다. 이 불확실성의 패턴을 파악하
는 것이 곧 통계적 추론의 시작이다.

어떤 데이터는 전체를 온전히 담고 있다. 대한민국
고등학생의 학습 정도를 평가하는 '전국연합학력평가(또
는 수능 모의고사)'는 고등학교에 다니는 모든 학생이 보는 시
험이다. 일종의 전수조사이다. 그렇다면 표본 즉 데이터
가 전체라면 그 데이터에는 불확실성이 없을까? 한 나라

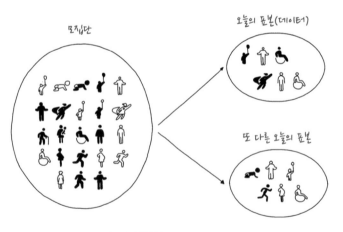

〈그림〉 모집단과 그 일부인 표본(데이터)

　　　　　　　　　　　　　수학보다 데이터 문해력

의 경제력을 함축하는 국내총생산(GDP)은 일반적으로 표본 조사가 아니라 전수조사의 결과로 측정한다. 그 나라의 모든 경제 주체, 즉 모집단 전체를 관측해 계상한 값이 곧 GDP이며 이 값은 달라질 수 없다. 오늘을 다시 산다고 해도 표본 선택으로 인해 달라질 것이 없다.

얼마 전 미국의 과학잡지 〈사이언스〉에는 동아시아 국가들의 가파른 성장이 수학·과학 교육과 높은 상관관계를 가진다는 주장이 실렸다.[2] 교육 정도가 높을수록 성장률도 높다는 주장이다. 이 주장을 펼친 미국의 경제학자이자 스탠퍼드 대학교 교수인 에릭 하누셰크(Eric Hanushek)의 근거는 다음과 같다. 다음 페이지 〈그래프〉처럼 국가별 수학·과학 점수와 GDP 성장률은 한 값이 클 때 다른 값도 큰 경향이 있다는 것이다. '회귀분석'을 이용해 추세를 살펴보니 나라별 GDP 성장률의 변화 73%만큼 나라별 학생들의 수학·과학 점수로 설명할 수 있다고 한다(여기서 73%는 통계학 교과서에서 '결정계수' 또는 R^2이라고 불리는 값이다. 수학·과학 점수의 변화가 성장률 변화의 73%만큼을 설명한다).

이 73%는 얼마나 정확한 값일까? 또는 얼마나 불확실한 값일까? 73%라는 값의 근거인 데이터 중 수학·과학 점수는 일부 학생의 점수이다. 만약 다른 학생들이 표본으로 선정되었다면 달라질 수 있는 값이다. 그렇다면 GDP 성장률은 어떤가? 연구 대상인 동아시아와 라틴아메리카 국가들은 '모두' 데이터에 포함되어 있다. GDP 성장률 역시 그 나라의 전수조사 결과이다. 표본이 곧 전체이므로 오늘을 다시 산다고 해도 표본이 달라질 수 없는 값이다.

그러나 통계적 추론의 불확실성은 단순히 표본 선정의 임의성에서만 기인하지 않는다. '대한민국 GDP가 어떻게 달라질 수 있었을까?' 생각해보자. 오늘 하루를 다시 살아 달라지지 않는다면 올 한 해를 다시 살 수도 있다. 한 해를 무한히 반복해 산다면 대한민국 GDP는 한 해를 다시 살 때마다 우연히 다르게 나올 수 있는 값 중 하나일 것이다. 물론 시간을 거스를 수 없는 우리에게 GDP는 바뀔 수 없는 값이다. 하지만 GDP 성장률 몇 퍼센트를 수학·과학 점수로 설명할 수 있는지 추론할 때는 시간을 반복하는 사고 실험이 도움이 된다.

수학보다 데이터 문해력

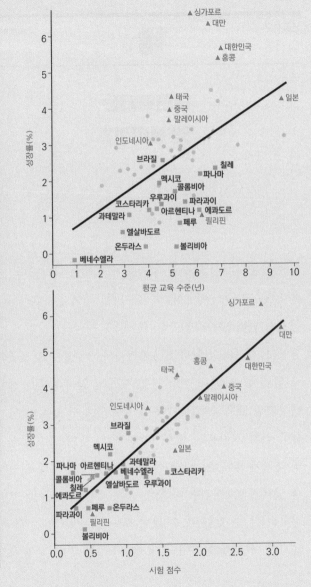

〈그래프〉교육 기간과 GDP 성장률 관계(위)와 수학·과학 성적과 GDP 성장률의 관계(아래)를 표현한 그래프(출처: 〈사이언스〉 351)

16

여론조사는
왜 틀릴까?

한 여론조사에서 대통령 지지율이 39%로 나타났다. 표본 1,000명 중 390명이 지지를 밝힌 셈이다. 그런데 이 숫자는 달라질 수 있는 값이다. 우연히 다른 시민이 여론조사 전화를 받았다면 380명이나 400명이 지지한다고 답했을 수 있다. 이 여론조사에서 알아내려는 값은 대통령의 진짜 지지율이다. 실제로 정확히 알기란 불가능한 진짜 지지율은 모집단(전체 국민)의 값이므로 '모수(母數)'라고 부른다. 여론조사에서 조사된 값이 '어떻게 얼마나 달라질 수 있었을까' 답을 구하려면 이 모수를 알면 정확히 알 수 있다. 모수 값이 정확히 얼마인지는 알 수 없지만 어떤 값일 것이라고 가정할 수는 있다. 대통령의 진짜 지지율이 45%였다고 가정하자. 오늘을 무한히 다시 살며 여론조사를 한다면 조사 결과가 어떻게 다르게 나올 수 있을까?

이 질문의 답을 찾는 좋은 방법 중 하나는 정말로 오늘을 다시 사는 것이다. 물론 컴퓨터를 이용해 가상으로 말이다. 이를 시뮬레이션 또는 모의실험이라고 한다. 컴퓨터로 가상의 시민 2,000만 명을 정한다. 그중 45%는 대통령을 지지한다. 오늘을 다시 사는 대신 실험을 반복하면서 조사 결과를 본다. 실험할 때마다 어떤 시민이 여론조사 표본에 뽑힐지 '랜덤'으로 정한다. 뽑힌 시민이 대통령을 지지할 확률은 모수 값인 45%이다. 이 실험을 100만 번 반복한다면 그중 대략 95만 번의 조사 결과는 42~48% 중 한 값임을 관찰할 수 있다. 42~48%는 사실 진짜 지지율 45%에서 오차 3% 포인트를 더하고 뺀 값이다. 대통령의 진짜 지지율이 45%일 때, 여론조사 결과는 45%-3%, 45%+3% 또는 45%±3% 정도로 달라질 수 있다는 뜻이다.

조사된 지지율은 39%였다. 대통령의 진짜 지지율이 45%라면 조사 결과 39%는 매우 드문, 발생하기 어려운 값이다. 그렇다면 대통령의 진짜 지지율이 45%일 리 없다. 진짜 지지율은 여전히 모르는 값이지만 45%처럼 높을 수 없다는 뜻이다. 이제 다른 값을 생각해보자. 모수(진짜 지지율) 값이 42%라고 가정하자. 그러면 여론조사 결과는 39~45% 중 하나의 값이 될 수 있다. 찾았다. 조사된 39%가 포함된 범위이다. 〈그림〉처럼 진짜 지지율은 42%일 개연성이 있다.

이런 식으로 여러 개의 진짜 지지율을 가정하면서 이 계산을 반복하면 관측된 여론조사 결과 39%는 진짜 지지율이 36~42% 중 한 값일 때 나올 법한 결과이다. '나올 법한'이란 100번 중 95번, 95%의 높은 확률을 말한다. 실제로는 알 수 없는 진짜 지지율이 나올 법한 범위 36~42% 또는 39%±3%를 '신뢰구간'이라고 한다. 이 신뢰구간은 신뢰수준 95%에 해당한다. 따라서 여론조사에서 대통령 지지율이 39%라면 실제 대통령 지지율은 39±3%일 것이라고 95% 신뢰한다는 뜻이다.

지금까지 한 이야기는 이상적인 여론조사 모델이다. 모든 것을 완벽하게 계획하고 실행한 여론조사조차

　　　　　　　　　수학보다 데이터 문해력

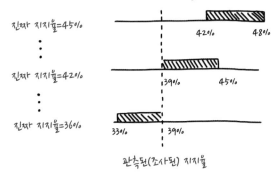

진짜 지지율이 45%일 때
나올 법한 조사결과의 범위

진짜 지지율=45%

42%   48%

진짜 지지율=42%

39%   45%

진짜 지지율=36%

33%   39%

관측된(조사된) 지지율

〈그림〉진짜 지지율을 36%, 42% 또는 35%라고 가정하는
각 경우에 나올 법한 조사 결과의 범위

실제 대통령 지지율은 정확히 알 수 없다. 표본 오차 3%
는 표본의 무작위성에 의한 불확실성의 양이다. 그러나
실제 여론조사에는 이뿐만 아니라 표본 선정의 '편향'
으로 인한 불확실성이 존재한다. 많은 여론조사가 '무선
RDD 표본 프레임'에서 표본 추출을 한다고 밝히는데,
이는 전화번호 010-××××-××××에서 '×'에 해당하
는 숫자를 무작위로 생성해 전화를 걸어 여론을 조사하
는 방식이다. 핸드폰을 쓰지 않는 사람은 아예 모집단에
서 제외된다. 이 여론조사에서는 전체 국민의 대통령 지

지율이 아닌 핸드폰을 사용하는 국민의 대통령 지지율을 추정한다.

이것이 편향이다. 더 심각한 편향은 응답하지 않은 국민이 특정한 성향을 띠는 경우이다. 예를 들어 선거 결과에 실망한 한 정당 지지자들이 여론조사 전화에 응하지 않는 경향이 다른 정당 지지자에 비해 높아도 편향이 발생한다. 편향은 측정하기도 어렵고, 조정하기도 어렵다.

검사는 유죄 증명,
과학자는 가설 증명

두 가설이 충돌하는 일은 비일비재하다. 흡연이 암과 무관하다는 가설과 원인이라는 가설은 지난 20세기 의학계 내부뿐만 아니라 법정까지 넘나들며 충돌한 큰 사건이었다. 대한민국 식품의약품안전처는 판매하는 모든 의약품을 심사한다. 어느 제약회사의 신약 A에 대한 식약처의 가설은 "약 A는 효과가 없다"이다. 제약회사는 효과가 있음을 증명해야 한다. 법정에서도 마찬가지이다. 무죄 추정의 원칙에 따라 형사재판의 모든 피의자는 증명되기 전에는 죄가 없다. 검사는 유죄를 증명해야 한다. 무죄와 유죄 두 가설이 충돌한다.

중세 유럽 과학자들은 지구가 우주의 중심이라고 생각했다. 당시 누구도 의심하지 않았던 지구중심설은 지동설의 선구자인 코페르니쿠스와 "그래도 지구는 돈다"로 유명한 갈릴레오 갈릴레이에 의해 흔들린다. 고대 그리스의 아리스토텔레스 때부터 확고한 사실로 받아들여진 천동설이기에 지동설의 등장은 말 그대로 혁명적이었다.

천동설은 어떻게 1,000년이 넘는 시간 동안 정설로 받아들여졌을까? 신이 지구를 중심에 두었다고 믿는 교회의 영향력 때문만은 아니다. 천동설로도 천체의 움직

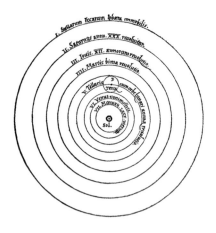

〈그림 1〉 코페르니쿠스가 지동설로 설명하는 천체의 궤도
(코페르니쿠스, *On the Revolutions of the Heavenly Spheres*, 1543)

수학보다 데이터 문해력

임을 설명하고 예측할 수 있었기 때문이다. 단지 매우 복잡할 뿐이다.

〈그림 2〉처럼 천동설이 사실임을 가정했을 때 화성의 궤도는 나름의 규칙성이 있지만 복잡한 나선 형태를 그린다. 이에 비해 〈그림 1〉처럼 지동설이 설명하는 행성의 움직임은 간단하다. 지구를 포함한 모든 행성이 태양을 중심으로 동심원을 그린다.

코페르니쿠스 이전 사람들은 천동설만으로도 충분했다. 언제 해와 달이 떠오를지, 내일 저녁 10시에 목성

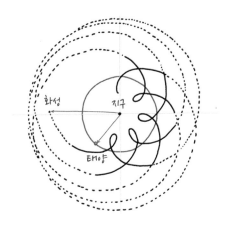

〈그림 2〉 천동설에서의 태양과 화성의 궤도
가운데의 녹색 선이 지구, 검정 선이 태양의 궤도, 점선은 화성의 궤도
(Diolatzis, I. S., & Pavlogeorgatos, G. (2019). *Simulating Kepler's geocentric Mars orbit.*
New Astronomy, 71, 39-51.)

이 어디에서 관측될지 천체의 움직임을 (복잡하지만) 나름 성공적으로 예측하면서 살았다. 새로운 가설인 지동설은 굳이 받아들일 필요가 없어 보였던 것이다.

새로운 가설을 '대안가설' 또는 '대립가설'이라고 부른다. 그와 충돌하는 기존의 천동설은 '귀무가설'이다. 다시 무(無)로 돌아가는, 원래 상태로 돌아가는 가설이라는 뜻이다.

두 가설 중 하나는 누군가 새롭게 주장하는 가설이다. "지구가 태양 주변을 돈다(지동설)", "약 A가 효과 있다", "피의자는 유죄이다" 등 대립가설이 곧 주장하려는 가설이다. 다른 하나는 귀무가설이다. "지구가 중심이다(천동설)", "약 A는 효과가 없다", "피의자는 무죄이다" 등이다. 귀무가설을 선택하는 것은 그냥 원래 상태로 돌아가는 것과 같다. 지구가 세상의 중심이라고 원래 믿고 있었고, 약 A는 만들지 않은 것과 같고, 피의자는 유죄선고를 받기 전에는 무죄일 뿐이다.

법정에서도, 과학에서도 귀무가설이 기준이다. 그래서 귀무가설이 사실임을 가정하고 논리를 전개한다. 천동설이 사실이라면 행성의 궤도는 복잡하게나마 파악할 수 있지만 목성의 위성 유로파의 궤도는 설명하기 어렵다. 유로파의 궤도는 천동설로는 설명되지 않는 데이터이기 때문이다.

이처럼 귀무가설로는 설명할 수 없는 데이터가 매우 많이 쌓여야 귀무가설인 천동설을 무너뜨릴 수 있다. 법정에서도 마찬가지이다. 결백한 피의자에게 유죄 선고를 하는 (매우 중대한) 오류를 피하고자 피의자는 증명되기 전까지 무죄이다. 유죄를 증명하기 위해 검사는 증거를 제시해야 한다.

자신의 과학적 가설을 증명하려는 과학자는 귀무가설이 아닌 대립가설을 지지하는 데이터가 필요하다. 과학자가 수집한 데이터가 귀무가설로도 충분히 설명된다면 귀무가설을 부정하기 어렵다. 귀무가설과는 모순되는 데이터가 쌓일 때 비로소 대립가설을 채택할 수 있다.

천동설에서 지동설로 패러다임이 완전히 바뀐 시기는 갈릴레이 갈릴레오 시대로부터 한 세대가 지난 후였다. 당시 뉴턴의 역학은 정설로 받아들여졌는데, 천동설에서 주장하는 행성의 움직임은 뉴턴의 역학으로는 설명할 수 없었다. 데이터(행성의 움직임)가 귀무가설(천동설)을 확실히 부정했을 때, 비로소 천동설은 역사 저편으로 사라졌다.

18

어떤 낚싯대로 물고기를
잡을 것인가?

통계학은 과학의 한 분야이다. 그런데 통계학에는 물리학, 화학, 생명과학 등 다른 자연과학과 구분되는 특징이 있다. 바로 통계적 추론이다. 물리학적 추론, 생물학적 추론, 화학적 추론이란 말은 없다. 그러나 통계적 추론이란 말은 있다. 왜 그럴까? 물리학은 자연의 법칙을 설명한다. 물리학 이론이 맞는지 아닌지 판단하기 위해서는 자연이라는 심판자에 의존한다. 화학도 생명과학도 대기과학도 마찬가지이다. 그런데 통계학의 심판자는 누구일까? 데이터를 분석해 계산한 예측의 성공 여부가 심판자일까? 이것은 낚싯대와 물고기를 혼동한 대답이다. 분석의 결과가 물고기라면 그 물고기를 낚은 낚싯

대가 통계학이다. 자연이라는 심판자가 없기에 통계학은 자신의 성과를 평가해줄 새로운 심판이 필요하다. 이 심판 과정에 통계적 추론이 동원된다.[3]

데이터를 요약하는 두 방법이 있다. 평균과 중앙값이다. 평균은 데이터의 무게중심과 같고, 중앙값은 데이터의 값들을 순서대로 나열했을 때 가운데에 있는 값이다. 세 숫자로 구성된 데이터 3, 5, 10의 평균은 8이고, 중앙값은 5이다. 어느 방법이 더 좋은 데이터 요약일까? 둘 중 하나의 손을 들어줄 심판이 필요하다.

통계적 추론의 심판은 미지의 모집단과 임의의 표본이라는 도구를 사용한다. 데이터의 값들, 예를 들어 3, 5, 10은 어떤 모집단에서 무작위로 관측된 표본일 뿐이다. 평균과 중앙값이라는 낚싯대를 평가하기 위해서는 여러 상황에서 사용해보면 된다.

잡은 물고기는 '평균 8'과 '중앙값 5'뿐인데 어떻게 다른 상황을 만들 수 있을까? 무작위의 표본을 관측하는 오늘을 무한히 다시 사는 것이 한 방법이다. 물론 머릿

수학보다 데이터 문해력

속에서 다시 살아보는 것으로 충분하다.

평균과 중앙값 모두 모집단을 대표하는 어떤 값, 모수를 추정하는 방법이다. 관측값 3, 5, 10이 감기에 걸린 뒤 회복할 때까지 날짜라고 하자. 어떤 사람은 하루 만에 회복할 수 있고, 어떤 사람은 3주가 지나도 아플 수 있다. 이 값은 사람에 따라 다르다. 같은 사람이라도 그날 건강 상태에 따라 회복 기간이 다를 수 있다. 이 모든 가능성의 모임이 곧 모집단이다.

모집단의 무한한 가능성은 확률분포를 이용해 표현한다. 내가 감기에 걸린다면 언제쯤 회복할 수 있을까? 이 기대 회복 일수가 곧 추정하고자 하는 모수이다. 기대 회복 일수는 회복에 필요한 기간의 기댓값이다. 기댓값은 때로는 모집단의 평균, 모평균이라고 불리기도 한다. 모집단 확률분포가 평균에 대해 대칭 형태라면 모집단의 모평균과 모중앙값은 같다. 평균에 대해 대칭인 확률분포 중 대표적인 것이 정규분포이다.

통계적 추론은 평균과 중앙값이라는 두 낚싯대가 잡는 물고기가 이 모수와 얼마나 비슷한지 비교한다. 모수와 가까울수록 대어라고 보면 된다. 오늘을 반복해 살면서 여러 물고기를 잡는다. 추정량을 반복해서 관측한

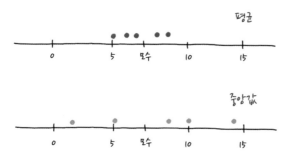
〈그림〉 표본 관측을 5번 반복했을 때 5개의 평균과 5개의 중앙값

다. 딱 5번 반복했을 때의 〈그림〉을 보면 추정값들이 모수 주변에 있다. 두 낚싯대 모두 모수 주변의 추정값을 낚는다. 편향이 없다. 그런데 평균들은 중앙값들에 비해 서로 더 가깝다. 이를 평균의 분산(퍼진 정도)이 중앙값의 분산에 비해 작다고 한다. 퍼진 정도가 작으니 평균 낚싯대로 대어를 낚는 경우가 중앙값 낚싯대를 쓸 때보다 더 많다.

이제, 두 낚싯대 중 하나를 고를 시간이다. 나는 평

균을 선택할 것이다. 알고 싶은 모수와 더 가까운 값이 평균이기 때문이다. 물론 평균이 항상 중앙값을 이기는 것은 아니다. 어떤 데이터에서는 평균보다 중앙값이 더 모수와 가까울 수 있다. 그러나 오늘을 무한히 반복해 멀티버스를 설계한다면 대부분의 경우 중앙값 낚싯대를 쓸 때보다 평균 낚싯대를 쓸 때 더 큰 대어를 낚을 수 있다.

19

잘못된 선택의 선택에
관하여

통계적 가설검정은 배신해야 하는 운명에 놓인 숙제 같다. 통계적 가설검정이 품은 문제를 간단히 표현하면 두 정규분포 중 하나를 고르는 문제와 같다. 확실하지 않은 상황에서 둘 중 하나를 골라야 하는 딜레마라고 할까. 정규분포는 평균과 표준편차만으로 그 분포를 알 수 있다. 확률 이론에 따르면 정규분포에서 무작위로 뽑힌 관측값은 평균에서 표준편차의 2배 이내에 있다고 95% 확신할 수 있다. 평균이 0이고 표준편차가 1이라면 -2~+2 사이에서 관측될 것이다. 만약 평균이 2, 표준편차가 1이라면 0과 4 사이에 이 관측값이 있을 것이다. 물론 95% 확률로 그렇다는 말이다.

가설검정의 문제는 다음과 같다. 어떤 값을 관측했다. 이 값이 0.5라고 치자. 이 값은 어떤 분포에서 랜덤하게 뽑힌 것일까?

> 가설 1: 관측값 0.5는 평균이 0이고 표준편차가 1인 정규분포에서 생성되었다.
> 가설 2: 관측값 0.5는 평균이 2이고 표준편차가 1인 정규분포에서 생성되었다.

　두 가설과 관측값을 다음 〈그래프 1〉로 표현했다. 어떤 가설을 선택하든 관측값 0.5는 충분히 나올 법한 값이다. 통계적 가설검정이 딜레마인 이유가 바로 여기 있다. 어떤 선택을 하든 잘못된 선택일 가능성이 있는 것이다.

　통계적 가설검정에서는 두 가설 중 하나를 귀무가설로 정한다. 이를테면 가설 1이 귀무가설이면 가설 2는 대립가설이다. 가설검정의 형식 논리는 간단하다. 귀무가설을 선택하거나, 대립가설을 선택하거나. 여러분은

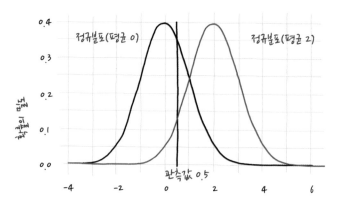

〈그래프 1〉 관측값 0.5와 가설검정의 두 가설
평균이 0인 정규분포가 귀무가설, 평균이 2인 정규분포가 대립가설이다.

어떤 가설을 선택할 것인가? 기준을 정해 선택한다. 예를 들어 관측값이 귀무가설의 평균 0에 더 가깝다면 귀무가설을 선택하고, 그렇지 않을 때 대립가설을 채택하는 따위의 기준이다. 관측값이 0.5일 때는 귀무가설을 선택한다. 이 선택이 맞을 수도 있지만 틀릴 수도 있다. 틀린 선택을 했을 때 가설검정의 오류가 발생한다. 두 가지 오류가 있다.

1. 귀무가설이 사실인데, 대립가설을 선택하는 오류
2. 대립가설이 사실인데, 귀무가설을 선택하는 오류[4]

수학보다 데이터 문해력

좋은 가설검정의 방법은 오류 발생률이 낮은 것이다. 그런데 두 가지 오류는 동시에 발생할 수 없다. 대립가설을 선택했다면 첫 번째 오류가 발생할 수 있다. 그러나 귀무가설을 선택하지 않아 두 번째 오류는 일어날 수 없다. 마찬가지로 귀무가설을 선택했다면 첫 번째 오류는 발생하지 않고, 두 번째 오류만이 가능하다. 한 번의 가설검정을 할 때 우리는 두 오류 중 하나의 오류를 범하거나 오류 없이 정확한 선택을 하게 된다. 가설검정을 할 때 오류를 범할지 아닐지는 랜덤한 관측값에 달려 있다. 이 관측값은 오늘을 다시 살아 새롭게 관측할 때마다 달라진다. 그래서 가설검정의 오류를 논할 때는 (오늘을 무한히 반복해 살면서) 오류의 '발생률'을 염두에 두어야 한다.

두 오류의 발생은 '하나를 얻으려면 다른 하나를 희생해야 하는' 트레이드오프 관계에 있다. 〈그래프 2〉처럼 첫 번째 오류를 줄이려면 두 번째 오류가 더 자주 발생한다. 첫 번째 오류의 발생을 방지하기는 매우 쉽다. 대립가설을 선택해야 오류가 발생하므로 선택하지 않는 방법이다. 항상 귀무가설을 선택한다. 첫 번째 오류의 발생률은 0%이다. 그러나 이 방법은 대립가설이 사실일

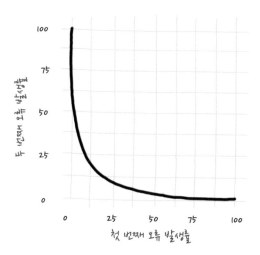

〈그래프 2〉 가설검정 두 오류 발생의 트레이드오프

때에도 귀무가설을 선택하므로 두 번째 오류의 발생률
은 100%이다. 반대로 두 번째 오류를 줄이면 첫 번째 오
류가 더 자주 발생한다.

두 오류 발생의 트레이드오프를 중재해줄 심판이
필요하다. 그런데 딱히 마땅한 것이 없다. 첫 번째 오류
와 두 번째 오류는 서로 다른 '차원'의 오류여서 심판을
찾기가 어렵다. 첫 번째 오류는 귀무가설이 사실인 세상
에서만 발생하고, 두 번째 오류는 대립가설이 사실인 세

상에서만 발생한다. 두 세상 중 한곳에 우리가 사는 것은 분명한데, 이를 중재하기란 매우 어렵다.

통계적 가설검정 논리의 창시자인 폴란드 태생의 통계학자 예르지 네이만(Jerzy Neyman)과 영국의 통계학자 이곤 피어슨(Egon Pearson)은 두 오류 중 어떤 오류가 더 충격이 큰지 주목했다. 귀무가설은 기존의 믿음이다. 예를 들면 지구가 우주의 중심이라는 천동설이 귀무가설이다. 대립가설은 아직 검증되지 않은 가설이다. 지구가 태양 주위를 돈다는 지동설이 대립가설이다. 대립가설인 지동설을 선택했는데, 사실은 지구가 우주의 중심이었다면 잘못된 선택으로 인한 혼란은 매우 클 것이다. 지동설, 즉 첫 번째 오류의 충격은 매우 크다. 반대로 귀무가설인 천동설을 (잘못) 선택했다면? 이미 수천 년 동안 천동설을 믿고도 잘 살았으므로 두 번째 오류의 충격은 미미하다.

　네이만과 피어슨은 첫 번째 오류의 발생률만을 제어하는 일종의 타협안을 내놓았다.[5] 통계적 가설검정에서는 그래서 첫 번째 오류 발생률이 미리 정한 값(예를 들면 5%)을 넘지 않도록 기준을 정한다. 첫 번째 오류의 발생률을 통제하는 기준(5%일 수도 있고 1%일 수도 있다)을 가설검정의 유의수준이라 부른다. 이 타협안에 의하면 좋은 가설검정 방법은 첫 번째 오류 발생률이 5%를 넘지 않으면서 두 번째 오류 발생률도 낮은 방법이다.

20

# p < 0.05를 넘어

남성과 여성의 출생 성비는 정확히 1:1이 아니라 대략 1.05:1로 알려져 있다. 여자아이 100명이 태어날 때 남자아이 105명이 태어난다는 뜻이다. 이 사실을 처음 밝힌 영국의 의사이자 과학자인 존 아버스넛(John Arbuthnot)은 1629년부터 1710년까지 82년 동안 영국 런던의 모든 출생 기록을 조사했는데, 해마다 태어난 여아가 남아보다 많다는 사실을 발견했다. 이것이 우연일까? 만약 출생 성비가 1:1이었다면 태어난 여아가 남아보다 우연히 많을 확률은 1/2일 것이다. 그리고 82년 동안 매해 여아가 더 많이 태어나는 사건은 매우 드문 일이다. 그러므로 출생 성비가 1:1일 수는 없다.

$$\frac{1}{2} \times \frac{1}{2} \times \cdots \frac{1}{2} = \frac{1}{2^{n}}$$

$$\approx \frac{1}{4,835,703,000,000,000,000,000,000} \approx 0$$

존 아버스넛의 논리는 200년 후 피셔와 그의 동료들에 의해 정립된 통계적 가설검정의 논리와 놀랍도록 닮았다. 두 가설을 비교한다.

귀무가설: 출생 성비는 1:1이다.
대립가설: 출생 성비는 1:1이 아니다.

두 가설 중 귀무가설을 기준으로 관측한 현상이 얼마나 일어나기 어려운지 확률로 표현할 수 있다. 관측된 현상이 곧 데이터이다. 통계학에서는 이 확률을 유의확률 또는 p-값이라고 부른다. 더 정확하게 표현하자면 유의확률 또는 p-값은 귀무가설 아래에서 주어진 데이터와 같거나 더 극단적인 사건이 일어날 확률이다. 이 유

수학보다 데이터 문해력

의확률을 '귀무가설이 사실일 확률'로 해석하는 것은 조건과 결과를 뒤바꿔 확률을 해석하는 오류이다. 통계학이 어려운 이유 중 하나는 이처럼 조건과 결과를 뒤바꿔 해석하는 오류의 여지가 너무 많기 때문이다. 아버스넛의 경우 p-값은 거의 0과 마찬가지로 작았다.

p-값이 0에 가까울수록 귀무가설과 데이터는 양립하기 어렵다. p-값이 작으면 작을수록 그 모순의 정도가 크기 때문에 p-값이 작을 때 귀무가설을 '기각'한다. 그렇다면 얼마나 작아야 작다고 보는 것일까? 어떤 기준이 필요하다. 이 기준을 유의수준이라고 부른다. 예를 들어 유의수준이 5%라면 p-값이 이보다 작을 때 귀무가설을 기각하는 식이다.

유의수준을 바꾸면 가설검정의 결과가 바뀐다. 예를 들어 어떤 가설검정에서 p-값이 0.02였다고 하자. 5%보다 작은 매우 작은 값이며 귀무가설이 사실이 아니라는 증거이다. 그런데 유의수준을 1%로 정한다면 p-값이 유의수준보다 더 크기 때문에 귀무가설이 틀렸다고 말할 증거가 부족하다. 객관적이어야 할 과학의 결론이 유의수준을 어떻게 정하느냐에 따라 바뀐다. 유의수준을 마음대로 바꾸는 것은 운동경기에서 심판을 매수

하는 것과 마찬가지이다.

객관적인 기준이 필요한 과학자들은 한동안 유의수준 5%(또는 0.05)를 애용했다. 20세기 초 실험과학자들의 참고서였던 피셔의 《연구자를 위한 과학적 방법론》에서 든 유의수준의 '예시'가 0.05였기 때문이다. 왜 5%인가? 5%에는 아무런 근거가 없다. 통계적 가설검정의 창시자였던 피셔가 사용한 숫자였을 뿐이다.

유의수준 5%의 가설검정이 귀무가설을 잘못 기각하는 오류를 범할 확률은 5%, 즉 20번 중 1번이다. 새로운 과학적 발견에 목말랐던 100년 전 과학자들에게는 5%의 오류는 충분히 감내할 수준이었을 것이다. 100년 후인 지금은 데이터가 넘쳐난다. 과학자, 공학자, 농학자 수도, 그들이 행하는 실험과 가설검정 개수도 비교할 수 없을 만큼 많아졌다. 한 해에 20번의 과학 실험과 가설 검정을 유의수준 5%에서 한다면 평균 1번의 오류가 일어난다. 그러나 2,000만 번의 통계적 가설검정을 한다면 발견된 사실 중 100만 건이 오류이다. 전통적인 유의수준 5%는 그 효용을 잃고 있다.

수학보다 데이터 문해력

실험과학계에서는 기계적인 가설검정을 지양해야 한다는 바람이 불고 있다.[6] 똑같이 설계된 실험을 두 연구실에서 실행해 두 가지 데이터를 얻었다.

A 연구실의 가설검정 과정에서는 0.049라는 p-값이 나왔다. 유의수준 5%보다 작으니 귀무가설은 기각하고 대립가설을 채택한다. 새로운 발견이다. 그러나 B 연구실의 데이터에서는 0.051이라는 p-값이 나왔다. 5%보다 크니 새로운 발견에 실패한 것일까. 그러나 두 p-값은 거의 비슷하므로 '거의 같은' 실험 결과이다. 하지만 유의수준 5%의 기계적인 가설검정에서는 성공과 실패라는 상반된 결과로 바뀐다. p-값이 제시하는 매우 정확한 정보를 일부만 사용했기 때문이다. 'p < 0.05'를 넘어 p-값이 담고 있는 풍부한 정보를 그대로 이용해야 한다. 가설검정의 쓸모는 여전하다.

실험과학계에서는 요즈음 둘 중 하나의 가설을 선택하는 가설검정 결과 대신 p-값 그 자체를 이용하거나 각 가설이 얼마나 가능한지 측정하는 등 다양한 방법을 이용한다. 성공과 실패라는 흑백논리를 넘어 실험 결과에 내재된 불확실성 그 자체를 보고한다. 가설검정의 결과는 흑과 백이 아니라 이제 농도가 다른 여러 회색으로 다채로워지고 있다.

21

통계적 사실과
실체적 진실

어느 도시의 교육청에서 고등학생들의 문해력을 향상하기 위해 몇몇 학교를 선별해 도서관을 새로 지었다. 이 정책의 효과는 얼마나 될까? 몇 년 후 도서관을 신설한 고등학교 재학생 100명을 선별해 지난 1년 동안 교과서나 참고서 말고 읽은 책 수를 조사했다. 아이들의 평균 독서량은 무려 34권이었다.

도서관을 신설한 효과가 정말 큰 것일까? 쉽게 단정할 수 없다. 비교를 해야 한다. 도서관을 새로 짓지 않은 다른 고등학교의 학생들을 조사했더니 평균 독서량은 34.4권이었다(문화체육관광부 '2021년 국민 독서실태'에 따르면 2021년 대한민국 초·중·고등학교 학생들의 평균 독서량은 34.4권이다). 도서관이 신설된 학교 학생들의 독서량이 오히려 적은 것이다.

　이제 정반대의 질문을 할 차례이다. 신설된 도서관이 독서에 방해가 되는가? 이번에도 역시 쉽게 단정할 수 없다. 조사 결과의 우연성을 고려하면 두 독서량이 다르다고 볼 수 없다. 우연히 선정된 고등학생 100명 말고 다른 100명을 조사했다면 평균 35~36권이라는 답을 얻었을 가능성이 있다. 반대로 더 적은 33권이었을 수도 있다.

이 도시의 교육감은 신설된 도서관이 독서량을 늘릴 것이라고 굳게 믿고 있다. 전수조사에 가까운 대규모 조사를 주문한다. 이번에는 도서관을 신설한 모든 고등학교의 학생 1만 명을 조사했는데, 평균 독서량은 34.7권이다. 95% 신뢰수준의 신뢰구간은 34.5~34.9권이다. 전국 고등학생들의 평균 독서량 34.4권보다 신뢰구간의 가장 작은 값이 더 크다. 도서관 신설 효과가 "통계적으로 유의(有意)하다"고 말할 수 있다.

　일반적으로 "통계적으로 다르지 않다"는 말은 곧

결과의 우연성이나 랜덤성을 고려할 때 우연히 다른 것처럼 보일 개연성이 높다는 뜻이다. "통계적으로 다르다" 또는 "다름이 통계적으로 유의하다"는 말은 반대로 우연히 다른 것처럼 보일 개연성이 어떤 기준에 비해 낮다는 뜻이다.

그렇다면 통계와 확률이 도서관 신설 효과가 있다고 보장하는 것일까? 몇억 원이나 들여 도서관을 신설한 교육감의 정책이 딱 잘라서 성공했다고 말하기는 어렵다. 도서관을 신설했더니 독서량이 늘었다. 통계적으로 확인된 사실이다. 그런데 평균 독서량은 고작 0.3권 늘었을 뿐이다. 이 정도 차이는 실제로 의미가 없다. 통계적으로 유의하지만 실제로는 '유의'하지 않다.

통계적 유의성을 밝히는 것은 어떤 면에서는 쉽다. 큰 수의 법칙에 의해 표본 수를 늘리면 늘릴수록 신뢰구간의 크기는 작아진다. 표본 수를 충분히 늘릴 수만 있다면 아무리 작은 차이라도 '통계적으로' 유의한 차이로 만들 수 있는 것이다. 다만 통계적으로 유의한 작은 차이가 실제로는 아무 의미 없는 차이일 수 있다. 양날의 검이다.

통계는 도구이다. 도구가 제시하는 객관적 사실이 실체적 진실을 가릴 수는 없다.

22

신은
주사위 놀이를 할까?

동전 던지기는 공평하다. 동전은 던졌을 때 앞면과 뒷면이 나올 확률이 절반이다. 그러나 던졌을 때 한쪽 면이 더 높은 비율로 나오도록 하는 것은 그리 어렵지 않다. 열심히 훈련한 캐나다의 어떤 이비인후과 전문의는 앞면이 나올 확률을 무려 68%까지 높였다고 한다.[7]

작은 게임을 해보자. 정체를 알 수 없는 어떤 사람이 동전 던지기를 반복적으로 시연한다. 이 게임의 목표는 동전 던지기 결과를 10번 본 뒤, 이 시연자가 공평한 사람인지 68% 확률로 앞면이 나오게 할 수 있는 의사인지 알아맞히는 것이다. 실행 결과, 10번 던져 앞면이 6번, 뒷면이 4번 나왔다. 당신의 답은 무엇일까?

1. 앞면이 6번, 뒷면이 4번 나오는 사건은 평범한 동전 던지기 결과로 충분히 나올 수 있으므로 공평한 사람이다.

2. 동전 던지기 10번 한 결과 앞면일 확률은 6/10=60%이다. 이 값은 50%보다는 68%에 더 가까우므로 이 사람은 그 의사가 분명하다.

3. 공평한 사람이라면 10번 던져 앞면이 정확히 6번 나올 확률은 20.5%이다. 반면 캐나다 의사가 동전 던지기를 했다면 10번 중 6번이 앞면일 확률은 21.8%이다(이 확률들은 이항분포를 이용해 계산할 수 있다). 캐나다 의사일 경우 확률이 더 높으므로 정답은 캐나다 의사이다.

첫 번째 답 같이 생각했다면 여러분은 '공평한 사람'이라는 귀무가설을 기각하지 못하는 통계적 가설검정을 실행한 것과 같다. 귀무가설 '공평한 사람'이 사실일 때, 10번 중 앞면이 6번 또는 그 이상이 나올 확률 약 37%가 p-값이다. 한마디로 공평한 사람이 던졌을 때에도 충분히 나올 법한 결과라는 뜻이다. 나쁘지 않다. 다만 귀무가설이 캐나다 의사였다면 정반대의 대답을 얻게

수학보다 데이터 문해력

된다. 두 번째 답은 과정이 부실하지만 결과적으로 근사한 답을 얻은 경우이다. 세 번째 답은 통계학을 배운 대학생이 할 법한 답이다. 관측한 결과 "10번 중 6번 앞면"이 두 경우 중 어느 쪽에서 더 그럴듯한지 비교하는 논리이다.

통계학에는 이 확률들을 그럴듯한 정도나 가능한 정도를 잰다는 뜻으로 '가능도(likelihood)'라고 부른다. 캐나다 의사였을 경우 확률이 더 높으므로 답은 캐나다 의사이다. 굳이 정답을 고르자면 세 번째이다.

그런데 이 세 논리 모두 썩 와닿지 않는다. 확률이라는 좋은 도구를 불편하게 쓴 것만 같다. 그렇다면 네 번째 답을 보자.

> 4. 데이터에 기반했을 때 시연자가 공평한 사람일 확률은 48.5%, 캐나다 의사일 확률은 51.5%이다. 따라서 정답은 (조심스럽게) 캐나다 의사이다.

어떤가? 매우 간단하면서 설득력 있는 대답이 아닌가? 그런데 여기서 우리는 확률의 수수께끼에 빠져든다. 동전 던지기를 하는 시연자를 섭외한 사람은 정답을 알고 있다. 시연자가 공평한 사람이었다면 캐나다 의사일 확률은 0%일 수밖에 없다. 반대의 경우 확률은 100%이다. 맞거나 틀리거나 둘 중 하나이다. 그런데 51.5%라는 애매한 숫자는 대체 어떻게 계산된 값일까?

우리는 그 결과가 달랐을 수도 있는 데이터로부터 어떤 미지의 값이나 모수를 추론하려고 한다. 동전 던지기 게임의 경우에 모수는 동전을 던지는 사람이며, 공평한 사람과 캐나다 의사 둘 중 하나이다. 대부분의 통계학자는 이와 같은 모수를 이미 정해진 값이라고 생각한다.

만약 관심 있는 모수가 새로운 의약품을 복용했을 때 병이 완치되는 비율이라고 해보자. 시험하는 의약품은 이미 정해져 있으므로 이 약의 효과 역시 (정확히 알 수는 없지만) 정해진, 바뀔 수 없는 어떤 값이다.

데이터는 랜덤이지만 추정 대상인 모수는 랜덤이 아니다. 무작위가 아닌, 바뀔 수 없는 값의 확률은 논의할 필요가 없다. 모수의 값이 0일 때, 이 모수가 0일 확률은 100%, 0이 아닌 어떤 값일 확률은 0%이다. 따라서 모수의 값이 캐나다 의사일 확률을 논하는 것은 불가능하다.

수학보다 데이터 문해력

이와 같은 논리가 20세기 초에 정립된, 지금도 유효한 주류 통계학자들의 사고방식이다 (이들이 고른 정답이 세 번째이다). 여전히 이해하기 어렵다면 여러분은 혼자가 아니다. 이 논리에 동의하지 않는 통계학자들도 있기 때문이다. 이들은 모수를 고정된 값이 아니라 랜덤인 값으로 본다. 동전 던지기 게임에서 동전을 던지는 사람(모수)이 무작위로 결정된다면 동전을 던진 사람이 캐나다 의사일 확률 역시 상상할 수 있다. 이제 네 번째 답도 받아들일 수 있는 것이다.

네 번째 답의 확률 51.5%를 계산할 때 고전적인 확률 법칙인 베이즈의 법칙이 쓰인다. 이처럼 생각하는 통계학자들을 베이즈 학파, 그 추론 방식을 베이즈 추론이라고 부른다.

신은 주사위 놀이를 하지 않는다.

아인슈타인이 양자역학을 부정하고 고전역학을 옹호하면서 했다는 유명한 말이다. 세 번째, 네 번째 답으로 표현되는 두 통계적 추론의 철학을 구분하기에 이처럼 좋은 말이 없다. 모수인 동전 던지는 사람을 신이 선택한다면? 주사위 놀이를 하지 않는 신이라면 세 번째 답을 이끌어낸 주류 통계학의 논증이 맞고, 주사위 놀이를 즐기는 신이라면 네 번째 답이 맞다.

23

☆☆★★★

결국에는
데이터가 이긴다

다시 동전 던지기 게임이 시작됐다.

동전을 10번 던져 그 결과를 보고 시연자가 앞면이 절반 나올 확률로 던지는 공평한 사람인지, 68% 확률로 던지는 캐나다 의사인지 맞춰보자. 이번에는 동전을 10번 던져 앞면이 무려 9번 나왔다.

통계학자의 계산에 따르면 10번 던져 앞면이 9번 나왔을 때, 시연자가 캐나다 의사일 확률은 91%, 공평한 사람일 확률은 9%라고 한다. 캐나다 의사일 확률이 높으므로 시연자는 캐나다 의사이다. 베이즈 추론의 결과이다. 이 확률값 91%는 어떻게 계산할까? 놀랍게도 가장 객관적일 것 같은 이 확률은 사실은 매우 주관적인 값이다. 다음은 게임을 시작하기 전에 여러분이 할 법한 생각이다.

1. 시연자가 공평한 사람인지 의사인지 알 수 없으므로 캐나다 의사일 확률은 50%이다.
2. 캐나다 의사를 섭외했을 리가 없으므로 캐나다 의사일 확률은 5%이다.

이 두 생각은 데이터, 즉 동전 던지기 결과를 보기도 전에 정해진 매우 주관적인 견해이다. 숫자로 표현된 이 선입견을 사전확률이라고 부른다. 확률로 표현된 이 견해, 시연자가 캐나다 의사일 것이라는 믿음의 정도는 관측한 동전 던지기 결과에 의해 업데이트된다. 업데이트된 확률값은 사후확률이라고 부른다. 사전확률은 사건(동전을 10번 던져 앞면이 9번 나온 사건)이 벌어지기 전의 확률, 사후확률은 사건이 벌어진 후의 확률이다. 앞서 이야기한 베이즈 업데이트의 과정이다.

캐나다 의사의 사전확률이 50%였던 경우에 사후확률은 91%로 업데이트된다. 만약 시연자에 대한 여러분의 선입견이 편향되었다면, 즉 캐나다 의사의 사전확

률이 5%인 경우에는 10번 중 9번이 앞면이 나올 정도
로 증거가 명확해도 사후확률은 35%에 그친다. 앞면이
9번 나왔을 때 캐나다 의사일 확률 'P(캐나다 의사|데이
터)'는 베이즈 법칙에 의해 다음과 같이 계산한다.

$$\frac{P(데이터|의사)P(의사)}{P(데이터|의사)P(의사)+P(데이터|공평한 사람)P(공평한 사람)}$$

편견이 강하면 강할수록 데이터가 업데이트하는 믿
음의 정도가 작다.

이처럼 편견에 휘둘리는 매우 주관적인 분석을 믿을 수
있을까? 통계학자들은 편견에 매몰되지 않기 위해 두 가
지 장치를 마련했다. 첫 번째는 사전확률을 객관적으로
정하는 것이다. 물론 어떤 사전확률이 객관적인지 결정
하는 데에도 주관이 필요하다. 동전 던지기 게임같이 간
단한 경우에는 캐나다 의사일 사전확률을 50%로 정하
는 것이 객관적이라는 주장에 대부분 동의할 것이다. 두
번째 장치는 데이터의 양이다. 편견이 가득 찬 사전확률

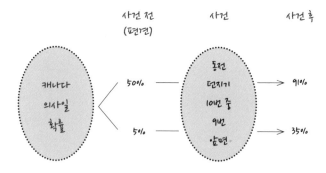

사건 전
(편견)   사건   사건 후

캐나다
의사일   50% ——— 동전
확률   던지기   ———→ 91%
                           10번 중
                           9번
            5% ———   앞면   ———→ 35%

〈그림〉 캐나다 의사일 확률의 업데이트
사전확률(편견)에 따라 다르다.

5%라도 데이터의 양이 많아지면 결국에는 데이터가 이기기 마련이다. 만약 동전 던지기를 10번이 아니라 100번 해서 앞면이 70번 나왔다면 캐나다 의사일 확률은 5%에서 99%로 업데이트된다.

세상을 읽는 기준

Data Literacy over Mathematics

Never settle for average.

결코 평균에 만족하지 말라

— 스티브 잡스 Steve Jobs

24

90은 큰 수인가, 작은 수인가?

문맥에 따라 답은 달라진다. 90이 사람 몸무게를 나타낸다면 이 숫자는 큰 수인가? 만약 단위가 킬로그램이라면 상당히 큰 수이지만 파운드라면 작은 수이다. 얼마나 대단한 숫자인지 이 사람의 키나 성별, 나이에 따라 그 판단은 달라진다.

어떤 수의 크고 작음은 상대적인 개념이다. 그렇다면 우리는 무엇과 비교해 크고, 작다고 하는 것일까? 남자 몸무게라면 기준이 되는 몸무게는 대략 70kg 정도이다(한국 청소년 성장 도표에서 18세 남성 평균 몸무게는 사실 65kg에 더 가깝다. 설명을 편하게 하려고 70kg으로 바꾸었다). 여자 몸무게는 55kg이다. 몸무게가 90kg인 사람은 그 사람이 속한 집단(18세 남성)의 평균 몸무게 70kg과 비교해 더 무겁다고 할 수 있다.

18세 남성으로 이루어진 이 집단 구성원은 대략 50kg부터 90kg까지의 몸무게로 분포되어 있다. 평균 몸무게는 무수히 많은 구성원의 몸무게를 대표하는 값이다. 평균은 곧 무게중심과 같다. 0부터 200까지 눈금이 적힌 널빤지가 있다고 하자. 눈금 50과 150의 위치에 작은 쇠공을 놓는다면 무게중심은 100에 위치할 것이다. 한국의 18세 남성 50만 명이 모두 제 몸무게에 해당하는 위치에 작은 공을 하나씩 놓는다면 어느 위치에 무게중심이 있을까? 바로 평균 70kg이다.

　어떤 숫자든 평균과 비교해 그 집단 내에서 상대적인 크고 작음을 판단한다. 크고 작음을 판단했다면 이제 그 차이가 얼마나 큰지 알고 싶다. 평균 몸무게 70kg과 비교한 90kg은 평균으로부터 얼마나 떨어져 있을까? 평균 지능지수 100점과 비교한 지능지수 90점은 얼마나 작은 값인가?

　0에서 200까지 눈금이 적힌 널빤지 이야기로 돌아

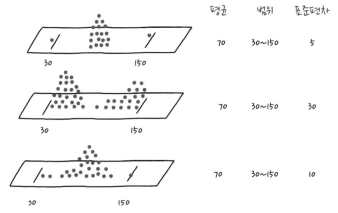

평균	범위	표준편차
70	30~150	5
70	30~150	30
70	30~150	10

〈그림〉 널빤지 위의 쇠공과 표준편차

가자. 이 널빤지에 놓은 쇠공 50만 개는 얼마나 퍼져 있을까? 어떤 공은 30kg 눈금에, 어떤 공은 150kg 눈금에 놓여 있을 수 있다. 그렇지만 이런 공들은 드물다. 단순히 범위만으로는 퍼진 정도를 제대로 파악할 수 없다. 다른 공들은 대부분 눈금 50에서 90 사이에 놓여 있을 것이다. 쇠공들이 무게중심으로부터 멀리 떨어진 대략의 정도를 '표준편차'라고 한다. 30kg과 150kg에 쇠공이 하나씩 놓여 범위가 120kg이라도 대부분의 공이 60~80kg 사이에 놓여 있는 경우에는 표준편차가 작다. 〈그림〉처럼 같은 범위의 쇠공들이라도 절반이 30kg 주변에, 절반은 150kg 주변이라면 표준편차가 크다. 18세 남성의 몸무게라면 표준편차가 10kg이다. 90kg의 몸무게는 평균보다 표준편차 2배만큼 더 무거운 것이다.

표준편차는 차이를 표준화하는 역할을 한다. 90kg의 몸무게는 평균 70kg보다 20kg 더 무겁다. 동시에 평균과 '2 표준편차'의 차이가 난다. 지능지수 130은 평균 100보다 30점이 더 높다. 그러나 지능지수의 표준편차 15와 비교하면 평균과 2 표준편차의 차이가 난다. 90kg의 몸무게와 130의 지능지수는 각각 평균과 절대적인 차이는 다르지만 집단 분포와 비교할 때 똑같이 2 표준편차의 상대적인 차이가 난다. 둘 다 같은 정도로 매우 무겁고, 매우 뛰어난 점수이다. 표준편차는 세상 모든 것을 같은 단위로 잴 수 있게 만든다.

25

우연을 설명하는
필연

모든 수험생이 치른 대학수학능력시험 점수는 정규분포를 따른다. 20세 건강한 남자의 평균 키도 마찬가지이다. 300ml 콜라 캔에 든 용량은 정확히 300ml가 아니다. 어떤 캔은 301ml일 수도 있고, 다른 캔은 299ml일 수도 있다. 캔마다 다른 용량의 분포도 정규분포이다. 정규분포는 통개 개념 중 가장 널리 쓰인다.

정규분포는 기준이 되는 어떤 값(평균)을 중심으로 '자연스럽게' 퍼진 분포를 나타낸다. 콜라 캔에 담긴 용량이라면 300ml가 중심이다. 자연스럽게 퍼졌다는 뜻은 250ml나 330ml처럼 중심으로부터 매우 먼, 용량이 너무 적거나 많은 경우는 매우 드물다는 뜻이다. 20세 남성의 키는 중심이 되는 평균(약 174cm) 주변에 가장 많고, 174cm에서 멀어질수록 그 비율이 빠르게 줄어들어 194cm 이상이거나 154cm 미만인 경우는 거의 없다. 그 분포 모양이 마치 가운데가 크고 뚱뚱한 종을 닮아 '종모양의 분포'라고 부르기도 한다.

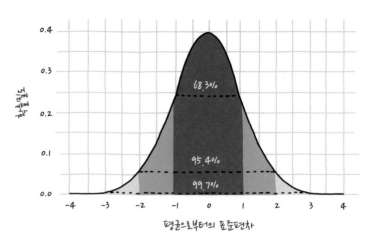

〈그림 1〉 표준정규분포

수학보다 데이터 문해력

키, 몸무게, 지능지수, 시험점수, 실험결과 등 사람이나 상황에 따라 달라지는 값들이 언제나 어떤 특정한 분포를 따르는 것을 발견한 20세기 초, 사람들은 이것이 전형적이며 가장 자연스러운 분포라고 생각했다. 이른바 '정상적인(normal)' 분포, 정규분포이다.

정규분포는 그 이름 때문에 잘못된 차별의 근거로 지목되기도 했다. 과연 내 지능지수가 정규분포가 기술하는 평균에서 멀면 비정상일까? 독일 나치정권이 멸망한 70년 전에 우생학과 함께 사라졌어야 할 질문이다. 어떤 실험 결과가 정규분포를 따르지 않으면 비정상일까? 결코 그렇지 않다. 정상적인 실험 결과가 정규분포를 따르지 않는 경우는 매우 많다. 그러나 상당히 많은 자연 현상의 측정값들은 실제로 정규분포를 따르는 경향이 있다. 그저 우연일까? 정규분포와 비슷하지만 모양이 조금 다른 확률분포 중 라플라스 분포가 있다. 자연의 측정값들은 왜 라플라스 분포가 아닌 정규분포를 따르는 경향이 있을까?

놀랍게도 우연을 설명하는 정규분포는 사실 필연적인 법칙이다. 사람의 키를 예로 들어보자. 어떤 사람의 키는 매우 많은 요인으로 결정된다. 유전, 운동량, 건강 상태, 생활습관, 주변 환경 등 다 파악하지 못할 정도로 많다. 건강 상태의 영향은 정규분포를 따르지 않을 수 있다. 주변 환경의 영향은 라플라스 분포를 따를 수도 있다. 이처럼 정규분포를 따르지 않는 요인이 복합적으로 작용해 결정되는 사람의 키가 굳이 정규분포를 따라야 할 이유는 없어 보인다. 그런데도 사람 키의 분포는 정규분포를 따른다.

여기에 정규분포를 가장 중요하게 만든 수학의 비밀이 숨어 있다. 어떤 형태의 변동이든 요인이든 아주 많이 더하면 그 분포는 언제나 〈그림 2〉처럼 정규분포로 수렴한다. '중심극한정리'라고 불리는 수학적 사실이다.

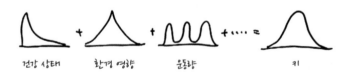

〈그림 2〉 정규분포를 따르지 않는 요인의 합이 정규분포를 따른다.

프랑스 수학자 아브라함 드무아브르(Abraham de Moivre)
가 처음 발견하고, 라플라스가 처음 증명한 이 사실에
'중심극한정리'라는 이름이 붙은 것은 세계적인 수학자
폴리아(George Pólya) 때문이라고 한다. 어떤 분포의 변동이
라도 아주 많이 더해지면 정규분포를 따른다는 사실은
경험적으로 확인된 사실이자 수학적으로 증명된 필연적
인 사실이다. 정규분포가 정상적인 사람들의 통계 법칙
인지는 모르겠지만 통계학자들에게 가장 중요한 법칙인
것은 확실하다.

26

이 불평등을
어떻게 설명할 것인가?

19세기 말 파리에서 태어나 이탈리아에서 활동한 경제학자 빌프레드 파레토(Vilfredo Pareto)는 권력과 부의 분배 문제에 관심이 매우 많았다. 동시대의 다른 학자들처럼 파레토는 이와 관련한 데이터를 수집했다. 스위스 바젤과 독일 아우크스부르크의 세금 납부 기록, 이탈리아, 영국, 프로이센, 아일랜드의 개인 소득 기록, 파리의 월세 기록 등 여러 유럽 국가의 재산과 소득에 관한 데이터였다.[1]

이 데이터를 분석한 그가 발견한 법칙은 이랬다. 어떤 시대, 어떤 도시라도 80%의 부는 전체 인구의 20%가 소유하고 있다. 바로 파레토의 법칙이다. 고소득층

20명이 평균 2억 원 소득을 올린다면 나머지 80명은 평균 1,250만 원을 번다는 이야기이다.

20×2억 : 80×0.125억=40억 : 10억=80 : 20

파레토의 법칙에 맞는 자연스러운 분포로 고안된 것이 파레토의 분포이다. 소득이 적은 사람은 많고, 소득이 많은 사람의 비율은 낮지만 이 소수의 소득이 매우 높을 때 잘 들어맞는, 일종의 불평등을 설명하는 분포이다.

　　파레토의 법칙은 극단적으로 큰 값이 나올 법한 사회현상이나 경제, 금융 통계에서 많이 발견된다. 인터넷 사용 가구의 20%가 전체 80%의 인터넷 트래픽을 발생시킨다. 20%의 엘리트 운동선수들이 우승 상금의 80%를 가져간다. 코로나-19 바이러스에 감염된 80%의 사람들은 다른 사람을 전염시키지 않거나 많아도 한두 명 전염시키지만, 소수의 감염자는 슈퍼 전파자가 되어 100명 넘는 사람을 전염시키기도 한다. 예를 들자면 끝이 없다. 파레토의 법칙과 파레토 분포는 정규분포로는 설명할 수 없는 여러 현상, 특히 불평등한 사회현상을 설명하는 데 탁월하다.

경제학계에서 파레토의 영향은 동시대에 활동하면서 우생학을 창시한 프랜시스 골턴(Francis Galton)에 비견할 만하다. 골턴은 자연과 사회, 인간에 대해 다양한 데이터를 수집하고 정리한 저작들로 유명하다. 그 당시만 해도 좋게 표현하면 철학적, 나쁘게 표현하면 탁상공론에 그친, 이론적 학문에 불과했던 경제학은 파레토에 의해 데이터를 만나 수학과 데이터에 기반한 학문으로 성장한다.

수학보다 데이터 문해력

27

특성의 개수가 많을수록
관측값은 평균에서 멀어진다

산업혁명이 막 동튼 19세기 초 유럽에서 확률과 통계는 젊은 학문이었다.

통계는 주로 물리학과 천문학에 이용되었다. 그런데 물리학은 실험을 3번 하면 3번 모두 다른 값이 나오기 마련이었고, 천체의 움직임도 측정할 때마다 다른 결과가 나왔다. 측정할 때마다 결과가 다르지만 참값이 하나라면 어떤 값이 참에 가장 가까울까? 빛의 속도를 측정하는 실험을 3번 반복했더니 결과가 29.6만km/s, 30만km/s, 30.1만km/s로 나왔다(이는 가상의 측정값이다. 19세기에 정교하게 통제된 물리 실험에서 오차는 이보다 훨씬 작다). 가운데의 값(중앙값)인 30만km/s가 이 실험의 결론일까? 또는 평균

인 29.9만km/s가 결론일까? 측정된 세 값의 평균을 이용하는 것이 지금은 자연스럽지만 당시에는 받아들여지기 어려운 개념이었다. 어떤 실험에서도 평균값 29.9만km/s는 나오지 않았기 때문이다. 관측되지 않은 수가 어떻게 참값일 수 있을까?

천문학자나 다른 분야의 실험과학자들이 평균을 중앙값보다 더 애용한 것은 바로 수학의 거장 가우스(Carl Friedrich Gauss) 덕분이다. 가우스는 관측값들은 미지의 참값을 추정하는 데 쓰여야 한다고 생각했다. 그렇다면 어떤 추정값이 가장 좋을까? 측정 오차가 가장 작은 값이다. 관측값이 셋이라면 오차도 셋이다. 오차는 양수이거나 음수일 수 있으니 제곱해서 모두 양수로 만든 뒤 더한다. 이 오차제곱합을 가장 작게 만드는 추정값이 곧 평균이다. 현대에도 쓰이는 통계적인 논리이다. 이 논리에 의한 미지수의 추정법을 '최소제곱법'이라고 부른다. 가우스의 최소제곱법은 회귀분석에서 추세의 추정에 쓰이는 기본적인 방법이다.

수학보다 데이터 문해력

가우스는 이에 그치지 않았다. 현대에도 통용되는 확률적인 논리도 동원했다. 가우스의 확률적 추론을 간단히 말하면 이렇다. 측정값은 '평균값' 주변에 정규분포 형태로 나타나므로 측정값들의 평균이 가장 좋은 추정값인 셈이다. 천문학자이기도 했던 가우스는 '평균'을 이용해 왜행성 세레스(dwarf planet, 당시 세레스는 행성 중 하나로 여겨졌다)가 다음에 관측될 위치를 정확히 예측하는 것으로 평균의 가치를 실증했다.

벨기에의 천문학자인 아돌프 케틀레(Adolphe Quetelet)는 천문학에서 쓰이던 평균의 개념을 인간과 사회현상에 적용한 것으로 유명하다. 인간 사회가 작동하는 메커니즘은 물론 매우 복잡하지만 관찰하는 값들이 '평균+오차' 형태라면 이 평균을 추론하는 것으로 사회 메커니즘을 대략 알 수 있다는 이론이다.

케틀레는 《인간과 인간의 능력 개발에 관한 논의, 사회물리학 시론》에서 인간의 표준(norm)에 대해 정의한다. 예를 들면 이런 식이다. 케틀레는 스코틀랜드 병사 5,738명의 가슴둘레를 잰 뒤에 표준적(normal)이거나 전형적(typical)인 스코틀랜드 남성의 가슴둘레는 병사들의 평균인 40인치라고 기술한다.[2] 케틀레는 이상적인 표준

인간을 '평균 인간(average man)'이라고 불렀다. 이 평균 인간이 바로 신이 의도한 인간의 기준이라는 것이다. 실제 사람들은 이 평균 인간에 '오차'가 붙어 탄생한다고 해석할 수도 있다.

케틀레의 평균 인간 개념은 사회학을 포함해 산업에도 지대한 영향을 미쳤다. 지금 눈을 감고, 미국 또는 중국 사람을 떠올려보자. 어떤 전형(stereotype)이 그려질 것이다. 대학교수를 떠올려보자. 어떻게 생겼을까? 당신이 떠올리는 그 이미지가 곧 '평균' 대학교수의 모습일 것이다. 중산층이라는 단어 역시 평균 인간 개념의 일종이다. 케틀레 생전에 시작된 산업혁명 시대에는 의복의 대량생산이 가능해졌다. 어떤 크기의 의복을 생산했을까? 평균 인간 크기의 의복을 생산하면 충분했다. 평균주의는 사회와 산업의 극단적인 효율화를 이루어냈다.

복잡하고 고도화된 현대에는 평균 인간과 다른 차이를 오차(error)가 아닌 개성(personality)으로 받아들이는 것이 더 효율적일 수 있다. 미국의 교육심리학자인 토드 로

수학보다 데이터 문해력

즈(Todd Rose)는 《평균의 종말》에서 평균 인간은 없다며, 평균 잣대로 평가할 때 사회가 불행해진다는 것을 역설했다.

평균 인간이 없다는 것은 역설적으로 확률과 통계를 이용해 증명할 수 있다. 케틀레 생각대로 실제 신이 의도한 어떤 전형, 이른바 평균 인간이 있으며 실제 사람들은 모두 평균 인간에 작은 오차가 더해서 만들어졌다고 하자. 키, 몸무게, 성격, 지능 등 인간의 특성은 매우 다양하다. 특성이 단 하나, 예를 들어 몸무게뿐이라면 평균 몸무게를 가진 사람은 매우 많다. 그렇다면 평균 키와 평균 몸무게를 가진 사람은? 여전히 많지만 몸무게만 평균인 사람보다는 그 수가 적다. 그렇다면 이러한 특성 100가지가 모두 평균적인 사람은 있을까? 확률론에 따르면 특성의 개수가 많으면 많을수록 어떤 관측값이든 평균으로부터 무한히 멀어진다.[3] 평균 인간이 실제로 있을 확률은 0%를 향해 수렴하는 것이다.

28

손해를 사는
행운

1043억1607만8000원! 과연 어떤 금액일까? 2022년 9월 대한민국 제1031회 로또복권 총 판매금액이다.

서민들의 살림살이가 어려워질수록 복권 판매금액은 늘어난다고 한다. 저마다의 사연으로, 저마다의 인생역전을 꿈꾸며, 소위 '명당'이라 불리는 복권 판매점 앞에는 이른 아침부터 손님이 몰리기도 한다. 모두 30억 원짜리 1등에 당첨되면 좋겠지만 십중팔구 낙첨이다.

NBA 농구선수 샤킬 오닐은 자유투 실력이 별로인 것으로 유명하다. 2번 쏘면 1번 들어가는 정도였다. 복권 당첨이나 샤킬 오닐이 자유투에 모두 성공하는 것은 결과를 미리 알 수 없는 불확실한 사건이다. 사람들은

복권이 당첨되기를 바라고, 샤킬 오닐은 자유투가 2번 모두 림 안에 들어가기를 바라며 슛을 쏜다. 다만 관중의 기대는 냉철해 2번 중 1번이라도 성공하기를 바랄 것이다.

이때 '기대'는 사실 '예상'에 가깝다. 다음 두 단어의 정확한 의미를 살펴보자.

> 기대수명: 0세 출생아가 향후 생존할 것으로 기대되는 평균 기간
> 기대수익률: 각각의 투자에 따라 실제로 실현될 가능성이 있는 수익률의 값들을 평균한 값

기대수명과 기대수익률은 예상수명, 예상수익률로 바꿔 불러도 의미가 다르지 않다. 실제로 혼용해 쓰이기도 한다.

이처럼 서로 달라질 수 있는 결과들을 대표하는 값을 통계학에서는 기댓값이라고 부른다. 그리고 이 기댓값은 평균의 다른 이름이다.

수학보다 데이터 문해력

샤킬 오닐이 자유투 2번을 던진다면 평균 몇 개 성공할까? 이를 가늠하기 위해 샤킬 오닐과 함께 오늘 딱 4번만 반복해서 살아보자.

자유투 2개 모두 실패할 확률은 (1/2)×(1/2)=1/4, 2개 모두 성공할 확률 역시 1/4이므로 오늘 4번 중 2번은 자유투를 1개 성공한다. 오늘 4번 중 자유투 성공 개수는 0, 1, 1, 2개이므로 이 네 숫자의 평균 1이 샤킬 오닐이 오늘 자유투에 성공할 개수 기댓값이다.

로또 복권의 기댓값은 얼마일까? 45개 숫자 중 6개 숫자를 모두 맞춰야 당첨된다면 45개의 서로 다른 숫자 중 6개의 숫자를 고르는 가짓수 8,145,060 중 단 한 경우이다. 따라서 로또 1등 당첨 확률은 1/8,145,060이다.

나머지를 모두 꽝이라고 치자. 이제 800만 번의 오늘을 살면서 복권을 하나씩 사보자(돈이 충분하다면 오늘 하루 복권 800만 장을 사도 된다). 그중 단 하나는 분명 당첨(30억원)이다. 이제 30억과 꽝들의 평균을 내보자.

$$\frac{3,000,000,000+0+0+0+0+\cdots+0}{8,000,000}$$

30억 다음의 0들은 7,999,999개의 꽝인 복권들이다. 이 복권의 기댓값은 고작 375원에 불과하다. 1,000원을 주고 이 복권을 샀다면 기대수익은 겨우 -625원이다. 복권을 사는 나는 30억 원에 당첨되기를 기대하겠지만 실제로는 625원 손해를 사는 셈이다.

실제로 우리나라에서 발매되는 복권의 경우 당첨금 기댓값은 1,000원당 500~648원이다.

29

평범으로의
회귀

20세기 초에 우생학(Eugenics)이 제국주의 유럽을 휩쓸었다. 우생학은 우수한 유전형질을 가진 사람과 그렇지 않은 인류가 나눠져 유전적으로 인류를 개량해야 한다는 일종의 이데올로기이다. 인종 차별의 이론적 근거를 마련하려던 우생학은 지금은 학문으로 인정받지 못한다. 하지만 당시에는 다윈의 진화론과 엮여 마치 학문의 한 분야인 것처럼 행세했다.

다윈의 사촌동생이자 우생학의 시초로 종종 지목되는

프랜시스 골턴은 "뛰어난 자질은 유전된다"는 믿음을 확인하기 위해 영국과 유럽 대륙의 여러 유명한 가문을 조사했다. 정치인, 시인, 과학자, 종교인, 군인 및 레슬링 선수들의 가계(家系)를 살펴 《유전적 천재》라는 책으로 출판하였다. 골턴은 우수한 유전자가 흐르는 뛰어난 자질을 가진 가계가 분명히 존재한다는 것을 증명하려고 했다.

〈그림 1〉은 시대를 초월한 천재 작곡가 바흐의 가계도이다. 이 가계도 중심에 있는 '제바스티안(Sebastian)'이 우리가 아는 그 바흐이다. 바흐 가족 중에는 음악가가 매우 많다. 바흐 가족에게는 음악적 자질이 흐르고 있음이 분명하다. 골턴의 주장이다. 사실 오히려 많은 학자는 바흐 가족 중 음악가가 많은 이유가 유전적 요인보다 친숙성 편향(familiarity bias, 어렸을 때부터 음악에 수없이 노출돼 음악가가 되었다)이 더 크게 작용했다고 본다.

바흐 가계도의 오른쪽 끝을 보자. 요한 제바스티안 바흐의 증손자인 빌헬름 바흐가 이 집안의 마지막 음악가였다. 가계도 왼쪽 끝에는 그의 할아버지의 할아버지가 있다. 바이트 바흐는 밀 공장에서 일한 제빵사였다.

우생학의 창시자였던 골턴조차 뛰어난 자질이 세대

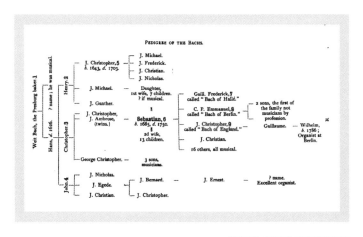

〈그림 1〉 음악가 바흐의 가계도

(《유전적 천재》에서 인용)

가 바뀌면서 평범한 자질로 회귀한다는 점을 인정할 수밖에 없었다. 자료 수집에 열성적이었던 골턴은 바흐뿐만 아니라 베토벤, 갈릴레오, 라플라스 등 빼어난 여러 인물을 중심으로 가계도를 조사했다. 그리고 그 결과 모든 가계에서 재능은 매우 짧게 대물림된다는 애석한 결과를 발견했다. 〈그림 2〉처럼 유명한 음악가의 손자가 뛰어난 음악적 재능을 보이는 경우는 100개 가계 중 고작 두 집안에 불과했다. 골턴 스스로 '평범으로의 회귀'라고 이름 지은 이 현상은 우생학의 신봉자인 골턴의 논

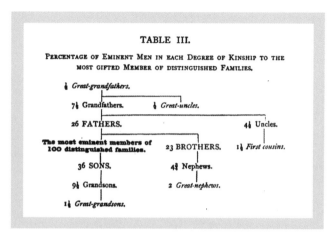

TABLE III.

PERCENTAGE OF EMINENT MEN IN EACH DEGREE OF KINSHIP TO THE
MOST GIFTED MEMBER OF DISTINGUISHED FAMILIES.

½ *Great-grandfathers.*

7½ Grandfathers.   ½ *Great-uncles.*

26 FATHERS.   4½ Uncles.

The most eminent members of   23 BROTHERS.   1½ *First cousins.*
100 distinguished families.

36 SONS.   4¾ Nephews.

9½ Grandsons.   2 *Great-nephews.*

1½ *Great-grandsons.*

〈그림 2〉 가장 재능 있는 인물을 중심으로 본 가계도에서 유명인사의 비율
(《유전적 천재》에서 인용.)

리를 반박할 때 거꾸로 이용되기도 한다.

골턴은 사실 유전학자이면서 동시에 통계학자였다. 골턴이 발견한 평범으로의 회귀는 통계적 현상으로 더 잘 알려져 있다. 골턴은 모든 예측의 기본이 되는 통계 분석 방법인 '회귀분석'을 개발한 것으로 유명하다. 회귀분석이란 두 값의 관계를 측정하는 방법 또는 한 값으로 다른 값을 예측하는 방법을 말한다. 예를 들어 부모 키로 자식 키를 예측하는 방법과 그 둘의 관계를 정량화하는 방법이 곧 회귀분석이다.

30

보이지 않는
관계를 파악하는 힘

통계학의 가장 큰 목적은 미지수를 추측하는 일이다. 문제의 종류에 따라 추측 대신 추정, 예측, 가설검정 등의 용어가 쓰이지만 결국에는 모두 미지의 값을 추측한다고 할 수 있다.

추측을 잘하려면 가장 먼저 이 미지의 값에 영향을 주는 요인을 알아야 한다. 이와 더불어 바로 이 요인과 추측하고자 하는 대상의 관계를 알아야 한다. 변수 간의 관계를 파악하는 것, 그것이야말로 통계학의 핵심이다.

명문대학에 지원할 때 부모가 영향력 있는 사람인 것이 결과에 영향을 미칠까? 어느 명문대학에 지원하는 A는 이렇게 생각할 수 있다.

'내 부모가 평범한 회사원이어서 나는 합격할 수 없어.'

이 문제에는 두 변수가 있다. 여기서 변수란 변할 수 있는 값이란 뜻이며 꼭 숫자가 아니어도 괜찮다. 첫 번째 변수는 예측 대상인 명문대학 입학시험의 합격 여부이다. 합격할 수도 있고 떨어질 수도 있으므로 변수이다. 두 번째 변수는 부모의 영향력 여부이다. 부모가 고위 관료, 정치인, 유명 기업인, 교수 등이어서 영향력이 있거나 그렇지 않거나 둘 중 하나이다.

A의 생각이 기우이기를 바라지만 일단 그 예측을 그대로 받아들여 보자. A의 생각이 사실이라면 '영향력 변수' 값이 '영향력 없음'일 때 예측은 언제나 '불합격'이다. 이보다 더 강력한 관계는 없다. 반대로 두 변수가 관계가 없다면 부모의 영향력이 명문대학 합격 여부에 어

떤 도움도 되지 않아야 한다.

우연의 패턴을 파악하려면 조건부 확률로 표현하는 것이 좋다. 부모가 영향력이 있을 때 대학에 합격할 확률과 그렇지 않을 때 대학에 합격할 확률. 두 조건부 확률이 같을 때 두 변수는 서로 전혀 관계가 없다. 수식으로 쓰자면 다음과 같다. 명문대학 합격률이 예를 들어 10%이다.

Pr(합격|영향력 있는 부모)

=Pr(합격|영향력 없는 부모)

=Pr(합격)=10%

통계학에서는 이때 두 변수가 '독립'이라고 한다. 독립적이지 못한 두 변수는 서로 영향을 준다. 예를 들어 A의 생각이 사실이라면 두 조건부 확률값은 다르다.

〉Pr(합격|영향력 있는 부모)=20%

〉Pr(합격|영향력 없는 부모)=0%

한 변수의 값이 다른 변수의 값에 지대한 영향을 미

치므로 두 변수는 강력한 관계가 있다. 통계 용어로는 상관관계가 있다고 한다. 두 변수가 관계가 있다고 해서 영향력이 있는 부모를 둔 것이 곧 명문대학 합격의 이유라고 단정할 수는 없다. 상관관계가 인과관계를 의미하는 것은 아니기 때문이다.

단순해서 강력한, 단순해서 놓치는

소득이 높은 사람은 행복할까? 낮 기온이 오르면 공원 방문객이 늘어날까? 공부 시간을 늘리면 성적이 좋아질까?

두 변수의 관계에 대한 이러한 질문의 답은 어느 특정한 사례에 기대면 안 된다. 소득이 높아 행복한 사람이 있고, 불행한 사람도 있기 때문이다. 다만 소득이 높을 때 더 행복한 '경향'은 있다.[4] 그렇다면 이 경향은 얼마나 강력할까? 모든 사람이 소득이 높아질 때 더 행복하다면 매우 강력한 경향이라고 할 수 있다. 그러나 이 경향과 반대되는, 소득이 높은데 불행한 사람도 분명히 있다. 데이터에 숨은 경향(데이터 신호)뿐만 아니라 이 경향

이 얼마나 강력한지(데이터 소음량이 얼마나 적은지) 동시에 나타
낼 수 있다면 좋지 않을까? 통계학자는 이 두 가지를 하
나로 표현할 수 있다. 바로 상관계수를 활용한다.

두 변수가 가질 수 있는 경향은 단 세 가지뿐이다.

> 소득이 높을 때 더 행복해지는 경향
> 소득이 높을 때 덜 행복해지는 경향
> 소득과 행복이 서로 관계가 없는 경향

마지막은 경향이 없다고 보는 편이 더 자연스럽다.
개인의 행복을 어떤 행복지수로 측정한다고 치자. 첫 번
째 경향은 소득과 행복지수가 동시에 증가하고 감소하
는 경향이다. 이를 부호 +로 표현하자. 양의 상관관계를
가진다고도 말한다. 〈그림 1〉의 첫 번째와 같다. 두 번째
경향에서는 소득과 행복지수가 서로 반비례한다. 부호
- 또는 음의 상관관계를 가진다. 경향이 없는 세 번째는
소득이 증가해도 행복지수는 그대로이다.

수학보다 데이터 문해력

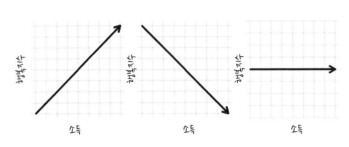

〈그림 1〉 두 변수 관계의 세 가지 경향

    이제 경향이 얼마나 강력한지 따져보자. 경향이 강력하다면 그 경향에 어긋나는 경우는 드물어야 한다. 소득과 행복지수의 +상관관계가 매우 강력하다면 소득이 평균보다 높은데 행복지수가 평균보다 낮은 경우는 드물어야 한다. 반대의 경우, 소득이 평균보다 낮은데 행복지수는 평균보다 높은 경우 역시 드물어야 한다. 〈그림 2〉의 첫 번째가 이를 표현한다. 〈그림 2〉에서처럼 상관관계가 있지만 약한 경우에는 경향에 어긋나는 경우를 쉽게 찾을 수 있다.

    상관계수는 상관관계의 부호뿐만 아니라 그 크기까지 함께 표현하는 수로서 −1~+1 사이의 값을 가진다.

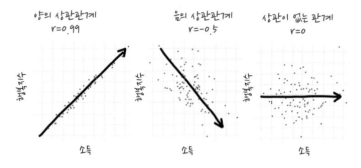

〈그림 2〉 두 변수의 경향, 세기와 상관계수 r

+1에 가까울수록 강력한 양의 상관관계, 0에 가까울수록 약한 상관관계이며 상관관계가 없을 때 0의 값을 가진다. 〈그림 2〉두 번째처럼 상관계수가 -0.5(약한 음의 상관관계)라면 경향은 분명히 있으나 소득만으로 행복지수를 예측하기에는 '소음'이 너무 많다고 하겠다.

　　상관계수는 두 변수의 관계를 설명하는 간단하면서도 명료한 척도이다. 소득으로 행복지수를 설명하고 예측하려는 회귀분석과도 매우 긴밀한 관련이 있다. 다만 간단함이 때로 단점이 되기도 한다. 복잡할 수 있는 두 변수의 관계를 간단하게만 설명하려고 하기 때문이다. 상관계수를 선형상관계수라고 부르기도 하는데, '선형'

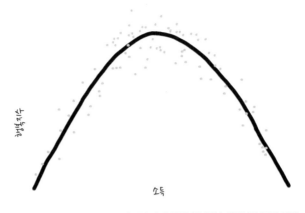

<그림 3> 소득과 행복지수와의 (가상의) 관계

이란 직선 모양이라는 뜻이다. 상관계수의 경향은 단순히 증가하거나 감소하는 일직선 형태라는 것이다.

　소득이 어느 정도까지 증가할 때는 더 행복해지다가 너무 많아지면 오히려 행복지수가 감소하는 관계를 상상해보자. 소득이 증가할 때 행복지수 역시 증가하지만 소득이 일정액 이상일 때는 증가세가 둔화되고, 결국 일정하게 유지된다는 연구 결과가 있다. 1,000만 원 벌 때보다 1억 원 벌 때 더 행복해지지만 1억 원을 버나 3억 원을 버나 행복지수는 비슷하다고 한다.

두 변수는 분명 관계가 있다. 소득이 늘 때 행복지수도 증가하다가 다시 감소하는 경향이다. 이 경향성은 매우 강력하다. 〈그림 3〉에 추세선으로 표시된 경향에서 어긋난 경우가 많지 않기 때문이다. 그럼에도 불구하고 〈그림 3〉에 표시된 데이터의 상관계수는 0이다. 직선으로 이 관계를 설명하려면 수평선 외에는 다른 방도가 없기 때문이다. 상관계수 같은 데이터의 요약은 단순해서 강력하지만, 단순해서 놓치는 신호가 존재할 수 있다. 통계는 단순해서 복잡한 세계가 분명하다.

32

숨어 있는 진짜 원인을 알아야
정확하게 처방할 수 있다

부모 키가 크면 자식 키도 크다.

여름이 와 더워지면 아이스크림 판매가 늘어난다.

스트레스가 많으면 업무 만족도는 떨어진다.

두 값이 서로 같이 변하는 관계가 있을 때 상관관계가 있다고 한다. 데이터 사이의 숨은 상관관계를 파악하는 것은 성공적인 예측의 알파이자 오메가이다.

금요일 저녁 편의점에서 아기 기저귀를 사는 기혼 남성

은 맥주도 같이 살 확률이 높다. 기저귀와 맥주 구매는 상관관계가 있다. 퇴근길에 맥주 사러 간 남편이 기저귀가 더 필요하다는 아내의 문자메시지를 때마침 받았거나, 기저귀 사러 간 남편 눈에 때마침 시원한 캔이 보여 자기보상심리가 발동했다고 추측할 수도 있다. 이 상관관계를 안다면 기저귀 진열대 옆에 작은 맥주 냉장고를 배치해 편의점 매출을 높일 수도 있을 것이다.

다른 질문을 던져보자. 기저귀를 구입했기 때문에 맥주도 산 것인가? 원인과 결과에 대한 질문이다. 이 질문의 답은 쉽지 않다. 기저귀 구매와 맥주 구매를 100% 논리적으로 연결하기 어렵기 때문이다. 오징어든 쥐포든 안주를 사는 사람이라면 십중팔구 맥주도 구매했을 것이다. 맥주 구매와 안주 구매는 상관관계가 있을 뿐만 아니라 한 상품의 구매가 다른 상품 구매의 직접적인 원인이기 때문이다.

서로 관련이 있다고 해서 바로 원인과 결과로 연결되는 것은 아니다. 지난 2012년 세계적인 의학저널 〈뉴잉글랜드 저널 오브 메디슨(The new england journal of medicine)〉에는 초콜릿 섭취가 높은 나라일수록 인구당 노벨상 수상자 수가 많다는 연구가 소개되었다. 초콜릿 섭취와 노

벨상 수상자 수의 상관관계는 엄밀한 통계검정을 통과할 정도로 분명했다.

그렇다면 우리나라 과학의 발전과 노벨상 수상을 위해 지금부터라도 초콜릿을 많이 소비해야 할까? 그렇지 않다. 초콜릿 소비량은 상대적으로 추운 서유럽과 북유럽 국가에서 높다. 노벨상을 수여하는 스웨덴을 포함한 이 서구 국가들은 지난 세기 절반 이상 노벨상을 독식했고, 지난 100여 년 동안 항상 선진국이었다. 경제력이 높고 추운 나라일수록 노벨상을 많이 받았던 셈이다.

사실 노벨상 수상자 수를 예측하는 더 좋은 지표가 있다. 바로 인구 100만 명당 '이케아' 점포 수를 헤아려 보는 것이다. 이케아 매장이 많을수록 노벨상 수상자 수도 많다. 이케아 역시 스웨덴 기업이다. 초콜릿 소비, 이케아 매장 수, 노벨상 수상자 수는 결국 국력과 경제력 문제와 관련되어 있을 것이다. 진짜 원인은 숨어 있는 셈이다.

상관관계와 인과관계의 경계가 모호한 경우도 있다. 담배가 폐암의 원인인가? 담배와 폐암의 인과관계는 몇십 년 지루한 공방 끝에 이제 과학적으로 정립된 사실이다. 커피가 췌장암의 원인인가? 1981년 하버드 대학

수학보다 데이터 문해력

교 연구자들은 커피와 췌장암의 상관관계를 발표했다. 각종 언론에서 이 연구를 '커피는 췌장암의 원인'이라는 자극적인 제목으로 보도하면서 한때 커피 소비가 매우 줄었다. 그로부터 20여 년이 지나서야 커피와 췌장암의 인과관계는 없다는 사실이 인정되었다. 사실 애연가가 커피를 많이 마실 뿐이었다. 커피와 췌장암이 서로 관련 있는 진짜 원인은 역시 숨어 있던 '흡연'이었다.

경제력과 흡연 같이 숨어 있으면서 겉에 드러난 두 변수에 동시에 영향을 미치는 변수를 '혼선 변수'라고 한다. 두 변수에 영향을 미쳐 '중첩 변수', 숨어 있다는 뜻으로 '잠복 변수', 이외에 교란 변수, 혼재 변수 등으로 부르기도 한다. 어떤 이름으로 부르든 진짜 원인을 알아내기 어렵다는 뜻을 내포한다. 이처럼 상관관계를 파악하기란 어느 정도 용이하지만 인과관계를 밝히는 것은 꽤 까다롭다.

현상을 예측만 할 때는 상관관계만으로 충분하다. 초콜릿 소비가 많은 나라는 여전히 강대국이며 과학 연구에 대규모 투자를 한다. 다음 노벨상을 받을 가능성이 큰 나라는 그래서 초콜릿 소비를 많이 하는 나라이다. 다만 현실을 개선할 때는 상관관계만으로 부족하다. 숨어 있는 진짜 원인을 알아야 정확하게 처방할 수 있다.

33

콩기계는 부모, 자식의 키를 예측할 수 있을까?

악명 높은 우생학자이자 통계학의 기초를 다진 프랜시스 골턴은 우연을 설명하기 위해 '콩기계'를 고안하였다. 아이가 커서 키가 몇 센티미터 자랄지 알아맞히는 신통방통한 기계였다.

    콩기계의 가로축은 사람 키를 나타내는데, 그 가운데 값이 170cm라고 하자. 만약 두 사람의 평균 키가 170cm인 부모가 아이를 낳을 때, 아이 키가 몇 센티미터 자랄지 궁금하다면, 콩기계 위 가운데 입구에서 콩을 떨어뜨리면 된다. 콩은 작은 나무기둥을 만날 때마다 우연히 왼쪽 또는 오른쪽으로 떨어진다. 콩을 하나만 떨어뜨린다면 우연히 가운데 또는 왼쪽이나 오른쪽 끝에 떨

〈그림〉 프랜시스 골턴의 콩기계
(출처: 위키피디아)

어질 수도 있다. 그렇다면 무수히 많은 콩을 반복해 떨어뜨리면 콩들이 떨어진 위치의 분포가 어떻게 될까?

〈그림〉 속 콩기계는 이미 그 결과를 알려주고 있다. 부모의 키가 170cm인 자녀들의 키는 대부분 170cm 정도이며 155cm나 185cm처럼 매우 작거나 큰 키를 가지는 경우는 매우 적다. 골턴은 유전이 마치 콩기계를 지나는 콩과 같다고 생각했다. 설명할 수 없는 여러 요소가 우연이라는 이름으로 쌓이는 것과 같다는 것이다. 그 결과는 가운데가 높고 좌우로 대칭인 언덕이나 종 모양

수학보다 데이터 문해력

의 분포, 즉 정규분포이다. 우연이 반복된 결과가 종 모양의 정규분포를 따르는 법칙을 '중심극한정리'라고 부른다. 실제로 평균 키가 170~175cm인 부모 100쌍을 모아 그 성인 자녀들의 키를 조사해보면 콩기계의 분포처럼 정규분포를 따른다.

유전이 콩기계와 같다는 말은 그럴듯하지만 절반만 사실이다. 만약 콩기계처럼 사람의 키가 유전된다면 이러한 일이 벌어질 것이다. 키가 170cm인 부모의 자식은 우연히 키가 180cm가 될 수 있다. 키가 180cm인 장성한 자식이 결혼해서 다시 손자를 낳는다. 이번에는 180cm를 중심으로 퍼진 분포에서 우연히 키가 결정된다. 키가 190cm인 손자가 탄생한다. 충분히 가능한 일이다. 이런 식으로 열 세대만 지나면 키가 무려 3m인 새로운 인류가 탄생한다. 반대로 우연히 부모보다 작은 키를 가진 자식도 가능하므로 열 세대가 지나면 성인의 키가 50cm인 경우도 있다. 물론 이런 확률은 매우 낮다. 그러나 지구 인구가 60억 명이 넘으니 불가능하다고 생각되는 3m 인류의 발생은 우연이 아닌 필연이 된다.

유전학자이자 통계학자인 골턴은 이 수수께끼를 풀기 위해 이후 '회귀분석'이라 불리는 예측법을 고안해낸다.[5] 골턴이 205쌍의 부모-자식 키를 조사한 표를 기초로 만든 부모의 키로 자식의 키를 예측하는 식은 다음과 같다.

자식의 키=173+0.65×(부모의 키-173)+오차

19세기 말 영국인 부부의 평균 키는 173cm였다. 부모의 키가 173cm인 경우 자식의 키는 173cm 주변에 콩기계가 생성하는 설명 불가능한 '오차'가 더해져서 결정된다. 그런데 부모의 키가 매우 큰 180cm일 때 그 자식들의 평균 키는 180cm가 아니다. 위 식에 대입해보면 자식 키의 예측값은 177.5cm이다.

173+0.65×(180-173)=177.5

180cm로 상대적으로 큰 부모의 키가 한 세대를 지나면서 177.5cm로 줄었다. 이 집안은 조금 더 평범해졌다. 반대로 부모의 키가 매우 작았다면 자식도 역시 작을까? 부모의 키가 160cm인 경우를 수식에 다시 대입해보면 164.5cm이다.

$$173+0.65 \times (160-173)=164.5$$

키가 작은 부모의 자식들은 조금 더 평균 173cm에 가까워진다. 평균으로 다시 돌아가는 '평균으로의 회귀' 현상이다. 골턴의 예측은 오차들을 제곱해서 합한 값이 가장 작도록 예측하는 가우스의 최소제곱법을 이용한 것이다. 특별할 것 없다. 하지만 자식의 키를 '부모로부터 받은 유전형질'과 콩기계의 '오차', 즉 신호와 소음의 합으로 표현하는 것은 당시로서는 혁명적인 사고였다. 그리고 이 유전형질은 세대를 지나면 평균으로 회귀한다. 평균으로의 회귀 현상은 세대가 지나도 사람이 엇비슷한 키와 몸무게를 갖게 해주는 유전에 필수적인 현상이다.

회귀분석은 부모의 키로 자식의 키를 예측하는 것처럼 어떤 변수로 다른 변수를 예측하는 수식을 데이터로부터 추정하는 방법이다. 현대의 회귀분석에서는 '회귀'가 큰 의미가 없다. 세대를 달리하는 키와 키의 관계는 회귀가 필요하지만 프로야구 선수의 경기 기록으로 다음 해 연봉을 예측할 때는 같은 변수가 반복되지 않기 때문이다. 회귀분석을 이해하는 데 평균으로의 회귀 현상을 몰라도 큰 지장이 없는 것이다. 대학에서 회귀분석 과목을 수강하는 학생 대부분은 '회귀분석'이라는 이름의 유래를 몰라도 좋은 학점을 받을 수 있다.

회귀분석은 통계 예측의 가장 기초적이면서 중요한 도구이다. 기업의 광고비와 영업 활동에 따른 매출액 변화를 예측하는 분석, 온도에 따른 화학물의 반응 정도를 예측하는 분석 등 스포츠, 산업, 과학을 가리지 않고 쓰인다. 또 우리가 흔히 인공지능이라고 부르는 방법들은 사실 이런 회귀분석 모형을 수천, 수억 개 붙여놓은 것과 다르지 않다. 100년 전 골턴은 자신의 작품이 이렇게 의미심장해질지 과연 상상했을까.

식구가 늘어날수록
저축도 늘어날까?

사람들은 월급이 많으면 저축도 많이 할까? 은행에서 궁금할 질문이다. 그렇다면 식구가 많을수록 그 가족 저축은 늘어날까? 경제학자라면 이 질문에 '이론'을 먼저 세울지 모르지만 통계학자는 데이터를 먼저 찾는다.

어느 경제학자가 다음과 같은 이론을 세운다.

이론 1: 월소득이 높다면 가처분소득도 높아지며 고소득층일수록 한계소비성향이 낮아지므로 가처분소득 중 저축 양이 늘어난다. (간단히 말해 월소득과 월저축액은 양의 상관관계를 가진다.)

이론 2: 가구원 수가 많다면 한계소비성향이 높아지므로 저축 양은 줄어든다. (가족 수와 월저축액은 음의 상관관계를 가진다.)

경제학자의 이론이 데이터와 부합하는지 확인하기 위해 어떤 학생이 데이터를 수집한다. 통계청의 가계금융복지조사 결과 등을 정리하면 가구소득, 가구원 수, 월저축액을 알 수 있다. 그리고 회귀분석으로 변수의 관계를 정리한다.

관측 1: 가구소득이 1만 원 증가할 때 월저축액이 평균 2,000원 증가하는 경향이 있다.

가구소득과 월저축액은 동시에 증감하는 관계, 즉 양의 상관관계를 보인다. 첫 번째 이론은 실제 데이터로 확인되었다. 두 번째 이론도 데이터로 실증될까? 회귀분석의 결과는 이론과 반대이다.

관측 2: 가구원 수가 1명 증가할 때 월저축액은 평균 7만 원 증가하는 경향이 있다.

경제학자의 이론에 반하는 이 현상을 어떻게 설명할 것인가? 분석을 진행한 학생은 새로운 이론을 생각한다. "가구원 수가 증가하면 오히려 허리띠를 졸라매는 경향이 있다" 따위의 이론이다. 그렇다면 경제학자의 이론이 정말 잘못된 것일까?

경제학자의 이론이 맞는지 논하기 전에 먼저 이 학생이 범한 여러 오류를 알아야 한다. 데이터를 다루는 사람이라면 누구나 조심해야 하는 오류이니 찬찬히 살펴보자. 첫 번째 오류는 회귀분석의 상관관계로부터 인과관계를 끌어내는 오류이다. 가구원 수와 월저축액이 양의 상관관계에 있다고 해도 가구원 수의 증가가 월저축액 증가의 원인이 된다고 단정하기는 어렵다. 반대로 월저축액의 증가가 원인이 되어 가구원 수가 늘어나는 경향이 있을 수 있다. 또는 인과관계가 아예 성립하지 않을 수도 있다. 두 번째 오류는 사후확신편향이다. '후견지명'의 오류라고 부를 수도 있다. 이는 데이터가 제시하는 바가 직관과 어긋나는데도 새로운 이론을 만든 후 원래 알고 있었던 듯이 말하는 오류이다.

자신의 이론을 증명하고 싶은 경제학자는 학생에게 '다중회귀분석'을 할 것을 권한다. 다중회귀분석이란 2개

이상의 변수로 다른 한 변수를 설명하거나 예측하는 방법이다. 같은 데이터를 이용해 확인된 다중회귀분석의 추세는 다음과 같다.

관측 3: 평균 월저축액=30+0.25×월소득-2×가구원 수

이 추세가 나타내는 바는 명료하다. 월소득이 1만 원 증가하면 평균 월저축액은 2,500원 증가한다. 그런데 가구원 수가 1명 늘면 평균 월저축액은 오히려 2만 원 감소한다. 경제학자의 이론에 잘 부합하는 결과이다. 경제학자의 이론이 맞다는 것을 인정하고 돌아선 학생은 사실 큰 혼란에 빠져 있다. 어떻게 같은 데이터에서 서로 반대 방향의 분석 결과가 나올 수 있을까?

이 학생이 놓치고 있는 중요한 사실이 하나 있다. 데이터를 잘 들여다보면 충분히 알아낼 수 있었던 이 사실은 바로 두 설명 변수인 소득과 가구원 수에도 강한 양의 상관관계가 있다는 것이다. 월소득이 높은 가구의 가구원 수가 많은 경향이 있다. 같은 사실을 거꾸로 쓰면 가구원 수가 1명 증가할 때 소득도 증가하는 경향이

있다. 소득이 증가하므로 평균 월저축액도 증가한다(관측 1). 이 둘을 순서대로 조합하면 가구원 수가 증가할 때 월저축액이 증가한다(관측 2). 물론 월저축액을 증가시키는 진짜 요인이 소득인지 가구원 수인지는 알 수 없다.

다중회귀분석은 이처럼 숨은 관계를 찾아서 알려준다. 다중회귀분석에서 소득과 월저축액의 관계는 그 밖의 다른 요인을 고정시켰을 때 생긴다. 따라서 '관측 3'의 다중회귀분석 결과는 다음과 같다. 가구원 수가 3명인 가구의 소득이 1만 원 증가할 때 월저축액이 2,500원 증가한다. 가구원 수가 4명, 5명일 때도 마찬가지이다. 또 소득이 일정한 가구의 가구원이 1명 늘었을 때 월저축액이 평균 2만 원 줄어든다는 뜻이다. 경제학자의 이론이 모두 들어맞은 셈이다. 세상은 데이터의 단면만으로는 설명할 수 없다.

작은 멀티버스를
소환하는 방법

"정말 거기에 있나?(Is it really there?)"

    내 대학원 지도교수였던 스티브 매론 교수의 질문이다. 회귀분석 따위의 통계 방법으로 두 변수의 관계를 찾았다. 알츠하이머병 발생에 CD33이라는 유전자의 발현이 관계있다.[6] 정말로 그 관계가 거기에 있을까? 그렇지 않으면 우연히 관계있는 것처럼 보이는 것일까?

알츠하이머병의 인지·기능적 장애 정도를 한 변수로,

CD33을 또 다른 변수로 두고 단순회귀를 가정하면 다음과 같은 식으로 쓸 수 있다.

장애 정도$=a+\beta\times$CD33$+$오차

CD33의 발현 정도가 1만큼 늘어나면 장애 정도는 β만큼 늘어난다는 식이다. 이 미지수 β의 추정값이 양수이면 두 변수에는 양의 상관관계가 있는 것이다. 1,500명의 알츠하이머병 환자와 병을 앓고 있지 않은 대조군 500명의 데이터로부터 추정한 β가 1이라고 한다.[7] 그렇다면 추정값이 1이라는 관측된 사실이 미지수 β가 양수라는 가설을 지지할 정도로 강력할까? 미지수 β가 양수라는 '신호'는 정말로 거기에 있나? 이 질문의 답을 구하기 위해 통계적 추론을 사용한다. 통계적 추론의 시작은 오늘을 다시 살면서 다른 환자가 데이터에 포함되었을 때 이 추정값 1이 얼마나 달라질 수 있을까 가늠하는 것이다.

오늘을 다시 살기 위해 쓰는 방법 중 하나는 수학이다. 매일 다른 오늘에 생성될 '데이터'가 무엇일지 확률분포를 이용한 모형으로 만들어 수리적 계산으로 β의 추

정값의 확률분포를 찾는다. 이것이 가능하려면 데이터를 생성할 모형이 필요하다. 데이터가 정규분포를 따른다는 '가정'은 사실 수리 통계적 계산이 가능하도록 데이터 생성 모형을 정규분포로 정한 것에 불과하다.

오늘을 다시 사는 다른 방법은 작은 '멀티버스'를 소환하는 것이다. 원래 물리학 용어였지만 그 개념이 영화나 만화에서도 많이 쓰여 익숙한 멀티버스는 무한히 많은 다중 우주가 사람들 모르게 존재한다는 가설이다. 오늘 우리가 가진 데이터는 어떤 모집단에서 랜덤하게 뽑힌 표본이다. 오늘을 다시 산다면 그 모집단에서 다른 표본이나 데이터를 얻을 것이다.

그러나 모집단은 그 자체로 우리가 알 수 없는 것이므로 실제로 다른 표본을 얻는 것은 불가능하다. 여기서 발상의 대전환이 요구된다. 우리가 가진 오늘의 데이터는 작은 우주이다. 이 작은 우주를 마치 '모집단'인 것처럼 생각하고 이 작은 모집단에서 새로운 데이터를 관측한다면 어떨까? 이미 관측된 2,000명으로 이루어진 이 작은 우주에서 역시 2,000명으로 이루어진 새로운 우주를 생성한다. 전체가 옮겨가면 두 우주가 같아지므로 그 중 일부를 '복사'해 새 우주를 만든다. 복사하기 때문에 어떤 사람은 새로운 우주에서는 2명, 3명이 될 수도 있다. 이 과정은 우연에 맡긴다. 어떤 사람은 새로운 우주에 복사되지 않는다. 이 역시 우연이다. 이런 식으로 하면 서로 다른 2,000명으로 이루어진 새로운 우주를 (거의) 무한하게 만들 수 있다. 이렇게 우리는 작은 멀티버스를 소환했다.

멀티버스의 무수히 많은 우주에서는 서로 다른 β의 추정값이 계산된다. "오늘을 다시 살 때 β의 추정값이 어떻게 달라질 수 있었을까?"에 대한 답을 멀티버스의 서로 다른 β의 추정값이 어떻게 다른지 조사하는 것으로 대체한다. 이를테면 멀티버스의 β 추정값들이 0.5~1.5 사이라면 미지수 β가 양수임을 확신할 수 있는 셈이다.

이처럼 작은 멀티버스를 소환하는 방법을 '부트스트랩(bootstrap)'이라고 한다. 서양식 장화(boot) 뒤축에 달린 끈(strap)이란 뜻이다. 원래는 알 수 없는 추정량의 변동을 주어진 데이터에서 다시 표집해 알아내는 방법이 마치 장화를 신은 사람이 자기 장화 끈을 잡고 끌어당겨 하늘을 나는 것 같다는 뜻에서 지어졌다. 영국의 SF 소설가인 아서 클라크의 "과학은 이해하기 전까지는 마법이다"가 떠오르는 이름이다.

부트스트랩이 개발된 것은 1980년대이다. 이보다 이른 1930년대에 피셔는 주어진 데이터를 뒤섞어 멀티버스를 만드는 방법을 고안했다. 가설검정에 많이 쓰여 '뒤섞기 검정'이라고 불리는 방법이다.[8] 그러나 이런 방법들은 20세기에는 널리 쓰이지 못했다. 작은 멀티버스를 생성하는 데 드는 힘과 노력이 상당했기 때문이다. 하지만 21세기에는 널리 쓰이고 있다. 컴퓨터 시뮬레이션을 이용해 손쉽게 멀티버스를 만들 수 있기 때문이다. 통계는 오늘을 다시 사는 마법 같은 우주이다.

인공지능과 새벽 배송 사이

Data Literacy over Mathematics

Statistics is

the grammar of science.

통계는 과학의 문법이다.

— 칼 피어슨(Karl Pearson)

36

인공지능에
통계학이 스며들다

스팸은 전화, 문자메시지, 우편 등을 통해 불특정 다수
에게 보내는 광고이다. 진짜 고기는 없고 스팸 통조림만
가득하다는 데서 유래한 단어이다.

　스팸은 아주 다양하지만 누가 뭐래도 이메일이 가
장 큰 비중을 차지한다. 다른 통신수단과 다르게 대량의
스팸을 발송하는 데 드는 비용이 거의 공짜이기 때문이
다. 인터넷이 전 세계로 퍼지던 1990년대 후반부터 스팸
이메일은 디지털 생태계의 골칫거리였다.

이 골칫거리 스팸 이메일을 걸러주는 기술의 발전은 마치 인공지능이 진화하는 모습을 보는 것 같다. 초기의 스팸 필터는 스팸을 보낸다고 판명된 IP 주소 목록을 작성해 이 '블랙리스트'에서 온 이메일을 걸러내는 방식이었다. 지금도 유효하지만 모든 스팸 이메일을 걸러내기에는 역부족이다. 사람 혹은 기계가 보낼 때마다 IP 주소를 변조하면 블랙리스트는 무용지물이기 때문이다.

또 다른 방법은 이메일 내용을 살펴 특정한 단어 사용 여부를 조사하는 것이다. 예를 들어 'Million dollar', 'win'이라는 단어, 'g00gle.com' 같이 구글(google.com) 링크처럼 보이지만 그렇지 않은 웹주소가 모두 등장하면 "백만 달러를 벌 수 있습니다. g00gle.com/...을 클릭하세요" 같이 사람을 현혹하는 이메일로 해석해 스팸으로 판정하는 식이다. 이처럼 스팸인지 아닌지 판명하는 규칙을 하나씩 지정해주는 방법을 '규칙 기반 스팸 필터'라고 부르는데, 시간과 돈이 너무 많이 들고 수법이 갈수록 교묘해져 한계를 보이고 있다.

스팸 필터는 작은 인공지능이다. 초기의 인공지능

알고리즘은 초기의 스팸 필터처럼 규칙에 기반해 개발되었다. 사람과 다르게 기계는 몇백만 개의 규칙도 단시간에 적용할 수 있다. 체스 챔피언 가리 카스파로프를 이겨 유명해진 IBM의 인공지능 딥 블루는 체스 규칙과 그랜드마스터 게임 수천 개, 엔드게임의 모든 경우를 저장한 뒤에 가장 이득이 높은 수를 계산하는 방식으로 작동했다. 말의 이동 범위가 상대적으로 한정적인 체스 게임에서는 엔지니어가 규칙을 지정해줄 수 있었다. 하지만 바둑 같이 그 가능성이 무한한 게임에서는 규칙 기반 인공지능의 성능이 신통치 않다. 애플의 '시리' 역시 그 시작은 규칙 기반 알고리즘이었다.

'기계학습'이 등장하면서 스팸 필터 알고리즘의 판이 바뀌었다. 기계학습에서는 규칙을 일일이 지정해줄 필요가 없다. 데이터가 필요할 뿐이다. 수백만 명의 사용자 중 일부만이라도 스팸이라고 생각되는 이메일을 '스팸 메일함'에 버려주면 된다. 몇백만 개의 정상적인 이메일과 몇십만 개의 스팸 이메일이 곧 데이터이다. 데이터 기반 기계학습은 데이터를 이용해 어떤 이메일이 스팸으로 분류되는 규칙 그 자체를 추론한다. 사람이 하나씩 지정해줄 때는 불가능할 정도의 복잡한 규칙 역시 만들어질 수 있다. 현대의 스팸 필터는 규칙 기반 방법과 기계학습 방법을 혼용한다.

기계학습의 선구자들은 이 문제를 '스팸 대 햄'의 문제라고 불렀다. 스팸의 반대말은 진짜 햄이라는 것에서 착안한 말장난이다. 스팸 대 햄의 문제는 가장 기본적인 형태의 예측이다. 전문가가 스팸 이메일이라고 확인해주기 전에 데이터만 이용해 이 이메일이 스팸일지 햄일지 미리 헤아리는 것이다.

IBM의 딥 블루가 체스 챔피언을 이긴 것은 1996년이었다. 인공지능의 놀라운 성과였다. 비약적으로 발전할 것처럼 여겨졌던 인공지능 연구는 사실 그 이후 10여 년 동안 내리막길을 걸었다. 규칙 기반 인공지능이 한계에 다다른 것이다. 그러다 정확히 20년 후인 2016년 알파고와 이세돌이 바둑 경기를 치르면서 인공지능은 다시 주목받기 시작했다. 알파고가 승리한 그사이 인공지능은 규칙 기반에서 데이터 기반으로 꾸준하게 전환되고 있었다. 인공지능에 통계가 스며드는 시간이었다.

수학보다 데이터 문해력

37

유전자와 질병의
함수

모든 생명체의 생김새와 기능은 DNA에 담겨 있다. 이중
나선 구조를 가진 DNA는 아데닌, 티민, 시토신, 구아닌
4개의 화학적 염기가 다양한 순서를 이루며 나열해 있
다. 바로 이 염기들의 특정 배열이 명령어 역할을 수행
해 생명체가 어떤 형태를 띠고 세포와 장기가 어떤 기능
을 할지 결정한다. 이러한 특정한 배열 또는 염기서열은
부모로부터 자식에게 유전되기 때문에 '유전자'라고 부
른다. 사람의 DNA에는 약 32억 개의 염기서열이 있으며
과학자들은 이를 기능별로 분류해 약 5만~10만 개 정도
의 유전자가 있다고 이야기한다. 부모의 유전자를 자식
이 그대로 물려받는 것은 아니다. 일부 유전자가 달라지

거나 돌연변이를 일으켜 부모와는 다른 유전형질을 나타내거나 원래의 기능을 하지 못할 수도 있다.

그렇다면 우리 인생에서 어느 정도가 유전자에 적혀 있을까? 사람의 키는 80~90% 정도 유전에 의해 결정된다.[1] 부모의 키가 작다면 우유를 아무리 열심히 마셔도 소용없다. 자폐 스펙트럼의 90%는 유전자에 의해 설명된다.[2] 조현병 역시 약 80% 정도 유전에 의해 결정된다.[3] 후천적 영향이 많은 암 역시 종류에 따라 15~30% 정도 유전이 기여한다.[4] 어떤 사람의 유전자를 알면 어떤 질병을 앓게 될지 어느 정도 알 수 있다는 이야기이다.

이처럼 유전학은 그 태생부터 통계학과 밀접한 관련이 있었다. 고전 유전학의 대표주자인 19세기에 오스트리아에서 성직자를 지낸 멘델은 대규모 완두콩 교배 실험 결과를 통계적으로 분석해 '멘델의 유전법칙'을 정립했다. 19세기 말의 골턴은 유전적 경향을 설명하려다 '평균으로의 회귀'를 발견하였다. 그러나 유전자를 통해 질병 예측이 가능해진 것은 최근 일이다. 인간 DNA의

수학보다 데이터 문해력

염기서열 지도를 그리는 '휴먼 지놈 프로젝트'가 완성된 것이 고작 2003년의 일이니 말이다. 이때부터 이전까지는 상상하지 못했던 새로운 형태의 데이터가 폭발적으로 쌓이기 시작했다.

이 데이터들은 기존의 고전적인 데이터와는 뚜렷하게 구별되는 특징이 있다. 예를 들어 암 발생에 유전적인 영향이 있다는 가설을 세웠다고 해보자. 조사해야 할 유전자가 하나라면 그 유전자의 발현 정도와 암 발생 사이의 관계를 살펴보면 된다. 그런데 조사해야 할 유전자는 하나가 아니라 몇만 개나 된다. 유전자 몇만 개 중 어떤 유전자가 암과 관련 있는지 알 수도 없고, 그런 유전자 개수는 손으로 꼽을 만큼 적다. 데이터의 신호는 매우 약하고, 어디에 숨어 있는지도 모르며, 유전자 데이터 하나하나에 섞인 소음은 몇만 배나 겹겹이 쌓여 있다. 통계학자들이 말하는 '고차원' 데이터이다.

고차원 데이터란 변량의 개수가 매우 많은 데이터를 말한다. 유전체 데이터에서는 유전자 하나가 하나의 변량이다. 유전자 3만 개에 대한 데이터는 3만 차원의 데이터인 셈이다.

유전체 데이터로부터 암(또는 다른 질환의 발병)을 예측하는 유전자를 찾는 것은 모래밭에서 바늘 찾기와 같다. 역설처럼 들리겠지만 유전체 데이터 같이 소음이 겹겹이 쌓인 고차원 데이터의 밭에서는 사실 바늘을 매우 쉽게 찾을 수 있다. 문제는 바늘처럼 보이지만 사실은 바늘이 아닌 신기루도 많이 발견된다는 점이다. 겹겹이 쌓인 소음이 가짜 신호를 만들어내기 때문이다. 신호처럼 보이지만 소음인 것과 진짜 신호인 것을 구별하는 묘책이 필요하다.

매우 작은 신호를 찾아내는 데 인공지능의 근간이 되는 복잡한 인공신경망 모형은 오히려 쓸모가 없다. 더 많은 신기루를 찾게 될 뿐이다. 신기루가 생기는 원인인 데이터의 우연성(랜덤성 또는 불확실성)을 제대로 파악하는 것이 더욱 중요하다. 신기루를 이용해 병을 예측하면 한두 번은 우연히 들어맞을 수 있겠지만 결국에는 잘못될 수밖에 없다.

　이제 유전자 검사로 당신의 질병을 어느 정도 알 수 있다. 보이지 않는 배경에 바로 통계학이 숨어 있다.

　　　　　　　　수학보다 데이터 문해력

38

왜 IBM은 의료 분야
인공지능 개발을 중단했을까?

인공지능은 체스도 잘 두고, 바둑도 잘 두고, 날씨도 예측한다. 자율주행차의 두뇌 역시 인공지능이다. 실시간으로 주변 상황과 차량 흐름을 파악해 안전하게 자동차를 이동시킨다. 인공지능은 코딩도 해주고, 연구자들도 못 푸는 수학 문제를 풀기도 한다. 알파고를 만든 것으로 유명한 구글의 딥마인드는 기하와 위상 문제를 풀 수 있고, 날씨를 예측할 수도 있다. 지난 2021년 과학 학술지 〈네이처〉를 통해 밝힌 내용이다.

구글 딥마인드의 알파고가 세상을 놀라게 한 2016년, 한국의 종합병원인 길병원에서는 IBM의 인공지능 '왓슨 포 온콜로지(Watson for oncology)'를 도입했다. '종양학을 위한 왓슨'이란 뜻으로, '왓슨'은 IBM 설립자 이름을 딴 인공지능 이름이다. 그렇다면 알파고가 이세돌 9단에게 승리했듯이 왓슨은 길병원 의사들보다 정확한 진단을 내렸을까? 아쉽게도 그렇지는 않다. 왓슨 도입 4년 후에도 의사의 진단이 왓슨의 진단보다 더 신뢰받았고, 최종 결정은 언제나 의사 몫이었다. 사실상 이 인공지능은 의사들의 진단을 따라가기에도 벅찼다. 그리고 새로운 치료법은 의사들에 의해 발견되고 개발되었다.

이유가 무엇일까? 어떤 차이가 있을까? 알파고를 만든 구글 기술자들이 IBM의 왓슨 기술자들보다 훨씬 뛰어나서일까? 구글 딥마인드에서 의료 인공지능을 개발한다면 의사보다 더 정확한 진단을 내릴 수 있을까? 그렇지 않다. 자동차를 안전하게 운전하는 것이 병을 정확히 진단하고 치료하는 것보다 훨씬 쉬울 뿐이다. 현대의 인공지능은 모두 방대한 데이터에 꿰맞춘 복잡한 모형이다. 자율주행차가 보행자를 피해 달리려면 엄청난 양의 사진과 영상이 필요하다. 데이터가 쌓일수록 자율주행차

수학보다 데이터 문해력

의 판단 정확도도 향상된다.

그런데 인공지능 훈련의 전제조건인 무한한 양의 데이터를 의료 현장에서는 제공해줄 수 없다. 어떤 질환이든 그 질환을 가진 사람의 숫자는 한정적이다. 인공지능 개발업체가 모든 환자의 정보에 접근할 수도 없다. 실제로 가능할 리 없겠지만 엄청난 수의 환자가 자신의 모든 데이터를 제공한다고 가정해보자. 그래도 병의 예진은 매우 어려운 일이다. 사람의 건강은 무수히 많은, 측정할 수 없는 요소들이 상호작용해 결정되기 때문이다. 어떤 약은 나에게 잘 듣지만 같은 병을 가진 다른 사람에게는 효과가 없을 수 있다.

사람과 사람이 지닌 다름의 정도는 인공지능과 통계학이 당분간 따라가기 어려울 정도로 크다. 데이터에는 신호와 소음이 섞여 있다. 어떤 소음은 아직 파악하지 못한 신호이기도 하다. 10년 전 인공지능보다 요즈음 인공지능이 같은 데이터에서 더 많은 신호를 파악한다. 하지만 어떤 소음은 절대로 파악할 수 없는, 사람들에게 내재된 다름으로 인해 발생하는 것이 아닐까? 사진과 영상 데이터에 숨은 소음보다 사람의 건강 데이터에 숨은 소음의 양이 더 많다면 제아무리 알파고라고 해도 정확히 해석하고 예측하는 것은 불가능할 것이다.

왓슨을 개발한 IBM은 2022년에 의료 분야에서 완전히 손을 뗐다.[5]

39

새벽 배송은
어느 지역까지 가능할까?

'쿠세권'이라는 말이 있다. 전자상거래 업체 '쿠팡'에서 오늘 물건을 사면 내일 새벽에 받을 수 있는 '새벽 배송'이 가능한 지역이라는 뜻이다. 몇년 전만 해도 택배를 받으려면 적어도 며칠 기다려야 했는데, 우리가 사는 물리적 세계는 점점 더 가까워지고 있다.

그래도 여전히 대한민국 국토의 84%에 이르는 지역에서는 새벽 배송 서비스를 받을 수 없다. 16%의 쿠팡 역세권에 사는 국민은 전체의 몇 퍼센트일까? 쿠팡 역세권이 전 국토로 넓어질 수 있을까? 이 질문에 대답하기 전에 먼저 새벽 배송이 어떻게 가능한지 따져보도록 하자.

쿠팡은 전통적인 유통회사와는 다르다. 정보기술(IT) 회사라고 불러야 마땅하다. 고객이 언제 어떤 물건을 주문할지 예측해 물류센터에 그 물건을 미리 채워두는 방식으로 물류 효율성을 높인다. 회전율이 높으니 같은 크기의 물류센터에서 더 많은 양의 물건을 처리하고 배송도 빨라진다.

이 전략의 핵심은 예측이다. 이 분야의 선구자는 미국의 전자상거래 업체 아마존이다. 고객의 구매 내역, 위시 리스트, 주소 등 빅데이터를 분석해 구매가 예상되는 물건을 미리 물류센터에 채워두는 예측 배송 시스템을 개발해 특허까지 냈다.

아마존의 예측 배송과 쿠팡의 새벽 배송이 성공할 수 있는 바탕은 정확한 예측이다. 간단한 예를 들어보자. 치약이 딱 두 종류만 있다고 해보자. 치약 A와 B의 판매량이 전혀 파악되지 않으면 물류센터에 두 치약을 반씩 들여놓을 수밖에 없다. 조금 정보가 더해진다. 치약 A와 B의 판매량이 7:3임을 알았다. 다음에 주문할 어떤 고객이 치약 A를 주문할 확률이 70%인 것이다. 물류

수학보다 데이터 문해력

센터에서 치약 B를 조금 치워도 배송에 문제가 없을 듯하다.

그런데 어떤 물류센터에서는 치약 B가 동나는 사태가 일어났다. 왜 그럴까? 알고 보니 청년들은 치약 B를 더 선호했다. 이제 1인 가구가 많은 지역에는 치약 B를 더 쟁여놓아야 한다.

이러한 예는 빙산의 일각에 불과하다. 어떤 상품이 언제 주문될 것인지 정확하게 예측하려면 더 많은 요소를 고려하고, 뒷받침할 더 많은 데이터가 필요하다. 그래서 정확한 예측은 데이터 과학자의 몫이다. 강력한 연산 능력을 갖춘 컴퓨터와 통계 및 기계학습 도구는 지난 10여 년간 눈부시게 발전했다. 시간이 지나면 지날수록 치약 A와 B가 주문될 비율을 더욱 정확하게 예측할 수 있을 것이다.

처음 질문으로 돌아가 보자. 쿠세권이 전 국토로 넓어질 수 있을까? 몇 가지 전제조건이 필요하다. 먼저 물류센터와 배송지 사이의 물리적 거리는 정확한 예측으로도 극복할 수 없으니 무시하자. 두 번째, 예측 기술이 눈부시게 발달해 어떤 지역이든 치약 A가 주문될 비율을 정확히 알 수 있다고 하자. 누구든 이 지역에서 치약을 주문한다면 70%의 확률로 치약 A를 주문한다. 만약 이 지역에서 하루 동안 치약 100개가 주문된다면 그중 치약 A의 주문량은 대략 60~80개이다. 70%라는 치약 주문율을 정확히 알고 있다고 한들 실제 주문 건수의 오차는 대략 ±10개, 오차율이 약 10% 정도이다. 예상 판매량보다 최소 10% 더 큰 물류센터가 필요하다. 다시 말하지만 정확한 예측이 가능한 경우의 오차이다.

이제 대도시로 가보자. 만약 하루에 치약 1만 개가 주문된다면 그중 치약 A의 주문량은 대략 6,900~7,100개 정도이다. 이 표본 오차는 크기의 제곱근에 반비례한다. 100개의 판매량이라면 $\sqrt{100}=10$의 오차, 1만 개의 판매량이라면 $\sqrt{10,000}=100$의 오차이다. 오차율이 1% 정도로 떨어졌으므로 넉넉하게 예상 판매량보다 1~2% 큰 물류센터면 충분하다.

고객 수가 많으면 많을수록 고객의 실제 치약 주문 비율이 70%에 가까워진다. 다른 말로 하면 고객 수가 많을수록 치약 주문량의 오차가 작아진다. '큰 수의 법칙'이다. 치약 100개 중 예측된 주문비율의 오차는 10%, 1만 개 중 오차는 1%, 100만 개 중 오차는 0.1%가 되는 식이다.

이 큰 수의 법칙 때문에 인구수가 부족한 내 고향은 쿠세권이 될 수 없다.

40

달성하기
가장 어려운 임무

"예측은 어렵다. 특히 미래에 대한 예측은 어렵다."

명언 제조기로 유명한 미국의 야구선수 요기 베라
(Yogi Berra)가 남긴 말이다.

다음 주 복권 당첨번호를 미리 알 수 있을까? 내일
주식시장을 미리 알 수 있을까? 대통령 선거 결과를 미
리 알 수 있을까? 애석하게도 우리에게는 미래에 어떤
일이 일어날지 알 수 있는 초능력이 없다.

사실 우리는 미래 사건뿐만 아니라 현재 그리고 과
거 사건에 대해서도 예측을 한다. 만약 100여 년 전 대
서양에 가라앉은 타이타닉호에 내가 탔다면 살아남았을

까? 신속 항원검사로 내 바이러스 감염 여부를 알 수 있을까? 과거와 현재 사건에 대한 예측이다.

어떤 예측은 원천적으로 불가능하다. 어느 임산부의 아직 태어나지 않은 아이가 남자아이인지 여자아이인지 점쟁이에게 물어보았다. 점쟁이는 (신의 계시를 받아) 남자아이라고 대답한다. 그것은 예측이 아닌 예언이다. 남자아이라고 대답할 어떤 근거도 없기 때문이다.

예측을 가능하게 하는 첫 번째 조건은 바로 '근거' 또는 '데이터'이다.

예측의 원칙 1: 예측의 기반이 되는 데이터가 있어야 한다.

데이터가 있다고 예측되는 것은 아니다. 기존 당첨번호를 분석해 '과학적으로' 이번 주 복권 당첨번호를 예측해준다는 광고를 본 적 있을 것이다. 기존 당첨번호들이 곧 데이터일까? 그렇다. 그러나 기존 당첨번호들은 이번 주 복권 당첨번호와는 아무 상관이 없다. 통계학

용어로는 과거의 당첨번호와 이번 주 당첨번호가 서로 독립이라고 표현한다. 서로 아무 상관없다는 뜻이며 지난주 당첨번호가 이번 주 당첨번호에 아무런 영향을 주지 못한다. 데이터이지만 예측의 기반이 되지 못한다.

예측을 가능하게 하는 두 번째 원칙은 유사성의 원칙이다. 쉽게 풀어 쓰면 다음과 같다.

예측의 원칙 2: 다른 사례로부터 배울 수 있어야 한다.

우리 아이는 키가 얼마나 클 수 있을까? 부모의 키를 알고 있다면 다른 가족 사례를 참고삼아 미래의 아이 키를 상상해볼 수 있을 것이다. 이와 같은 예측이 가능한 이유는 바로 유사성 때문이다. 예측할 대상인 내 아이의 사례가 다른 가족의 경우와 특별히 다르지 않기 때문이다.

예측이 잘못되는 이유 대부분은 바로 이 유사성의 원칙을 위배하기 때문이다. 한국인에 관한 예측을 할 때 미국인 데이터에 기반해서는 곤란하다. 가까운 미래를 예측할 때 지난 1960년대의 사례를 근거로 삼아서도 안될 일이다. 결코 배울 수 없는 사례들이다.

예측의 세 번째 원칙은 '데이터 밭에서 바늘 찾기' 원칙이다.

프로야구 선수의 지난 시즌 경기 기록과 연봉으로 이번 시즌 성적을 예측하고자 한다. 지난 시즌 기록들은 그 선수의 실력을 충실히 반영하고 있지만 실력만으로 통제되지 않는 다른 요소가 섞여 있다. 발뒤꿈치가 아파 며칠 실력을 발휘하지 못했거나 동료와 언쟁이 있어서 경기에 집중하지 못했을 수도 있다. 어느 날은 그저 감이 좋아 최상의 성적을 낼 수도 있다. 이 선수의 진짜 경기력이 우리가 찾는 신호라면 이처럼 헤아릴 수 없으면서 그날그날 다른 요소들이 곧 소음이다. 예측 대상이 되는 이번 시즌 성적 역시 이 선수의 진짜 경기력에 여러 소음이 더해져서 결정될 것이다.

우리가 예측할 수 있는 것은 신호이다. 소음까지 예측하는 것은 신의 영역이다. 복권 당첨번호나 태어날 아이의 성별은 신호 0%에 소음 100%이므로 예측 자체가 불가능하다.

예측은 통계 분석의 궁극적인 목적 중 하나이다. 동시에 달성하기 가장 어려운 임무이다.

나는 왜 주식으로
돈을 벌지 못할까?

우리나라 사람 5명 중 1명은 주식투자를 한다.[6] 어린이
와 청소년을 제외하면 엄청난 숫자이다. 미래의 주식 가
격을 미리 알 수 있다면 돈 벌기는 식은 죽 먹기일 텐데.

주가지수가 하루하루 변하는 모습을 '랜덤 워크
(random walk)'라고 한다. 똑바로 걷지 못하고 왼쪽, 오른쪽
으로 비틀거리는 술 취한 사람을 상상하면 된다. 왼쪽으
로 비틀거릴지, 오른쪽으로 비틀거릴지 자신도 알지 못
한다. 랜덤이다. 이 술 취한 사람이 100걸음 걸었을 때
어디에 가 있을까?

다음 페이지 〈그래프〉에서 술 취한 세 사람의 경로
를 그려보았다. 어떤 사람은 처음 시작보다 왼쪽으로 많

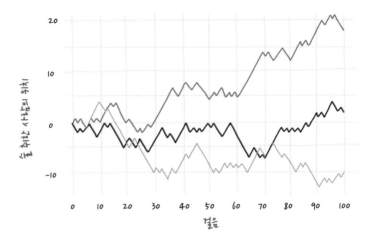

〈그래프〉 술 취한 세 사람의 랜덤 워크

가로축 방향으로 걸을 때, 한 걸음당 왼쪽으로 비틀거리면 세로축의 +1만큼, 오른쪽이면 -1만큼 이동한다.

이 치우쳐 있고, 어떤 사람은 오른쪽으로 치우쳐 있다. 여기에 어떤 추세가 있을까? 100걸음 걸으면서 점점 더 왼쪽이나 오른쪽으로 가는 추세가 있다고 볼 수 있다. 그러나 그렇지 않다. 랜덤 워크를 걷는 술 취한 사람은 어떤 추세도 없이 그저 랜덤하게 비틀거릴 뿐이다. 그다음 100걸음을 예측하기란 불가능하다.

주가 변화는 랜덤 워크와 같다. 앞으로의 가격 변동을 예상하는 데 예전의 데이터는 결정적 단서가 되지 못한다. 지금 이 순간부터의 주가는 지금 이 순간부터의 새로운 정보와의 상호작용을 반영한다. 주가는 바로 그 쉴새 없이 쏟아지는 정보에 영향을 받은 매도자와 매수자의 판단, 즉 수요와 공급으로 결정된다. 수많은 매도자와 매수자가 각각 어떤 결정을 내릴지 일일이 파악하기란 불가능하다.

예측을 가능하게 하는 세 원칙 중 '유사성의 원칙'을 떠올려보자. 〈그래프〉에서 회색으로 표시된 주가는 100일 동안 등락을 반복하며 조금 가격이 내렸다. 100일 후 주가는 −10이다. 이 데이터가 미래의 주가를 예측하는 데 도움이 될까?

이 질문은 "미래의 주식 가격 변동이 처음 100일 동안 주식 가격 변동과 얼마나 유사할까?"와 같은 질문이다. 주가처럼 시간에 따라 변하는 데이터의 유사성을 전문적인 용어로 '정상성(定常性)'이라고 한다. 여기서 '정상(定常)'이란 '한결같다'는 뜻으로 이해하는 것이 좋다. 처음 100일 동안의 주가 변동과 1년 후의 주가 변동이 비슷하다면 '정상'이다.

시간에 따라 변하는 데이터는 이 정상성을 만족할 때 예측의 두 번째 원칙인 유사성의 원칙을 만족한다고 볼 수 있다. 그러나 랜덤 워크도 주가지수도 정상성을 만족하지 않는다.

42

코로나-19 대유행의
정점은 언제일까?

코로나-19 바이러스 감염증이 2년 넘게 전 세계에서 대
유행하고 있다. 사망자 수는 전 세계적으로 600만 명을
넘어섰고 계속 증가할 예정이다. 한두 달이면 끝나겠지
하던 기대는 어느새 사라져버렸다. 코로나-19 대유행의
정점은 언제일까? 이 터널의 끝은 어디일까? 그리고 팬
데믹 예측에 통계는 어떤 역할을 했을까?

감염병을 연구하는 과학을 '역학(疫學, epidemiology)'이라고
한다. 음양오행을 따지는 역학(동양철학)이 아니고, 힘과 물

체의 운동을 기술하는 역학(물리학)도 아니다. 역병에 대한 과학 또는 의학의 한 분야이다. 코로나-19 같은 전염병이 곧 역병이다. 한때 사생활 침해 논란까지 있었던 역학조사의 그 역학이다. 역학조사는 특정한 집단을 대상으로 병의 감염 경로와 발생 양상 등 전염병 확산과 관련된 사항을 조사한다.

역학의 절반은 통계학이다. 감염병 치료법을 연구하기 위해 통계학이 쓰이고, 감염병 확산을 기술할 때에도 통계가 쓰인다. 팬데믹 예측은 감염병 확산을 얼마나 잘 파악하느냐 하는 문제이다.

코로나-19에 감염된 누군가 인천공항을 통해 국내로 입국했다. 그가 만나고 스치고 지나간 모든 사람이 잠재적인 감염 대상이다. 다행히 모두가 감염되는 것은 아니다. 그중 일부에게만 코로나-19가 전파된다. 이처럼 감염병이 전파되는 속도를 '기초감염재생산지수'라고 부른다. 코로나-19의 경우 확진자 1명이 3~5명을 감염시킬 수 있다.[7] 즉 코로나-19의 기초감염재생산지수는 3~5명이다. 코로나-19 오미크론 변종의 기초감염재생산지수는 9.5명이라고 한다.[8] 바이러스에 감염된 1명이 5명을 감염시키고, 이 5명이 다시 5명씩을 감염시킨다면 총 감염자 수는 모두 1+5+25=31명이다. 이런 식으로 몇 번만 지나고 나면 감염자가 몇천 명, 몇만 명 되는 것은 시간문제이다. 기하급수적인 증가이다. 이때 감염자와 감염되었다 회복해 항체가 생성된 사람이 많다면 감염자가 접촉할 수 있는 비감염자 수가 줄어든다.

바이러스에 감염된 사람이 만나는 사람 중 어떤 사람이 감염되는 것일까? 성별과 나이에 따라 누구는 더 쉽게 감염되고, 누구는 감염되지 않을까? 정확히 알 수는 없다. 정확히 알 수 없는 것을 표현하기에는 확률이 최선이다. 확진자가 β의 확률로 어떤 사람을 감염시킨다고 하자. 이 '감염률' β는 기초감염재생산지수와 정확히 같지 않지만 밀접한 관련이 있다. 건강 상태에 따라 다르지만 감염된 확진자 대다수는 회복한다. 감염자가 회복하거나 사망해 더는 감염 위험이 없어질 때까지 시간은 얼마나 필요할까? 평균 20일이 필요하다면 평균적으로 하루에 감염자 20명 중 1명이 회복한다는 뜻이다. 이를 '회복률' γ라고 한다. 평균 20일 걸려 회복한다면 회복률은 1/20=5%이다.

감염률 β와 회복률 γ를 알 수 있다면 'SIR 모형'이라는 수리모형을 통해 미래 감염병 확산 정도를 예측할 수 있다. 감염병에 걸릴 가능성이 있는 인구수 S, 감염된 인구수 I, 회복된 인구수를 R로 두고 세 값 사이의 관계를 감염률과 회복률을 통해 표현하는 식이다. 이 식을 이용하면 팬데믹의 정점을 파악할 수 있다.

SIR 모형을 이용하면 일일 확진자 수를 예측할 수 있다. 〈그래프〉를 보자. 만약 기초감염재생산지수가 3명이라면 100일 정도에 최대 일일 확진자 수 3만 명의 정점을 지난다. 그런데 기초감염재생산지수가 2명이라면 180일 무렵에 정점을 찍고 서서히 감소한다. 수많은 역학자, 통계학자, 수학자 심지어 물리학자도 SIR 모형을 이용해 팬데믹을 예측했다.

2020년 어떤 대만 학자는 대한민국의 팬데믹 정점이 2020년 3월이며 총 감염자는 1만 명 남짓이라고 예측했다.[9] 이 예측은 틀렸다. 한국 통계청과 협업한 캐나다 연구진은 7번 예측을 했는데, 할 때마다 다른 예측을 할 수밖에 없었다. 최종 예측은 역시 1만여 명의 총 감염자였다.[10] 이 역시 틀렸다. 사실 대만과 캐나다 연구진뿐

수학보다 데이터 문해력

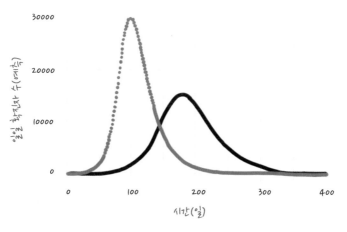

〈그래프〉 SIR 모형 시뮬레이션으로 예측한 일일 확진자 수

만 아니라 어느 누구도 정확히 예측하지 못했다.

전염병 예측에는 SIR 모형을 개량한 SEIR 모형을 비롯해 여러 더 복잡한 방법이 쓰인다. 복잡한 수학 모형을 사용했는데도 예측에 실패한 원인은 무엇일까? 이 모형이 정확하더라도 재생산지수나 감염률, 회복률을 정확히 알 경우에만 예측이 가능하다. 이 값들은 데이터로부터 '추정'해야 한다. 그리고 추정은 언제나 불확실하다.

SIR 모형과 같은 미분방정식 모형은 작은 변화가 예

측에 큰 영향을 주기도 한다. SIR 모형의 예측은 그래서 불확실하다. 문제는 여기에서 그치지 않는다. 감염률, 회복률은 시간에 따라 변한다. '사회적 거리두기'가 강화되면 감염률이 줄어든다. 백신을 맞으면 감염병에 걸릴 가능성이 있는 인구수가 줄어든다. 역시 감염률이 줄어든다. 사회적 거리두기에 따른 감염률 감소는 얼마일까? 백신을 얼마나 빠르게 접종할 수 있을까? 미리 알 수도 없고, 추정하기도 쉽지 않은 이 값들 역시 팬데믹 예측에 영향을 미친다. 바이러스의 변이, 거리두기 등 사회적 요인이 변하므로 성공적인 예측을 위한 두 번째 원칙인 '유사성의 원칙'이 기능하지 못하기 때문이다.

하버드 대학교의 역학 전공 교수이자 미국 질병청의 전염병분석센터 소장인 마크 립시치(Marc Lipsitch)는 "불확실성 앞에서 스스로 변화할 수 있는 겸손한 과학이 좋은 과학이다"라고 말했다. 그가 말하는 전염병분석센터의 철학을 그대로 옮긴다.

"더 나은 분석과 더 나은 데이터를 통해 불확실성을 개선함과 동시에 불확실성 하에서 최선의 의사결정을 내리는 것이다. 이와 함께 밝혀지지 않은 것이 무엇인지 인지하고 이로 인한 결과를 명확히 소통하는 것이다."[11]

43

2020년의
가장 아름다운 그래프

대부분의 과학자가 코로나-19 팬데믹 예측에 실패했다.
그러나 같은 시기 코로나-19와 관련해 매우 성공적인
예측이 이루어졌다. 바로 백신의 효과에 대한 예측이다.
코로나-19 대유행이 시작한 지 1년 정도 지난 2020년
12월, 미국의 제약회사 모더나가 미국 식품의약청에 제
출한 보고서가 공개되었다.[12] 모더나는 새로 개발한 코
로나-19 백신의 효과를 확인하기 위해 약 3만 명을 대
상으로 임상시험을 진행했다. 이 보고서는 그 임상시험
결과를 정리한 것이다.

백신 예방 효과는 코로나-19에 감염된 사람 중 백신을 접종받았다면 감염되지 않았을 사람의 비율이다. 여기 코로나-19에 감염된 사람이 100명 있다. 이들이 만약 세 달 전에 백신을 접종해 100명 중 단 5명만 코로나-19에 감염되었다면 100명 중 95명이 감염되지 않았으므로 백신 예방 효과는 95%이다(백신의 효과는 발병률 감소뿐만 아니라 발병했을 때 증상 완화도 포함한다. 여기서는 간단히 발병률만 예로 들었다).

통계학에서는 사람 하나하나를 집단의 일부로 본다. 백신을 개발한 모더나가 고려한 집단은 미국의 성인

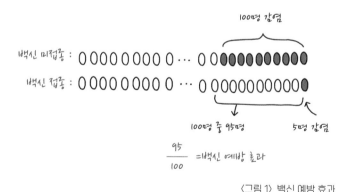

〈그림 1〉 백신 예방 효과

전체이다. 이 집단이 전부 백신 접종을 했을 경우 감염률은 이 집단의 일부를 랜덤하게 추출했을 때 감염률로 추정이 가능하다. 여론조사 원리와 같다. 마찬가지로 이 집단이 전부 미접종일 때 감염률은 일부 표본추출로 가능하다. 한 사람이 두 삶(백신을 접종하거나 그렇지 않거나)을 살 수는 없지만 집단을 반으로 갈라 한쪽은 백신을 접종하고, 다른 쪽은 접종하지 않는 것은 가능하다.

이 원리를 이용해 백신 예방 효과를 예측하는 모더나의 전략은 다음과 같다. 미국의 성인 3만 명 중 무작위로 선정된 절반에게는 백신을, 나머지 절반에게는 위약을 접종한다.[13] 이후 약 3개월 동안 백신과 위약을 접종받은 3만 명을 추적해 코로나-19에 감염되었는지 파악한다. 이를 임상시험이라고 한다.

미국 식품의약청이 공개한 모더나의 임상시험 결과 중 인터넷을 뜨겁게 달군 그래프가 있다(〈그림 2〉). 백신을 접종받은 약 1만 5,000명과 위약을 접종받은 1만 5,000명의 누적 발병률을 비교한 것이다. 접종 후 100일이 지나 위약을 접종받은 집단의 발병률(녹색 그래프)이 2.5%에 다다를 때, 백신을 접종받은 집단의 발병률(검정 그래프)은 0.1%에 그친다. 백신의 효과를 극명하게 보여주는 그래

수학보다 데이터 문해력

프이다. 인터넷의 누군가는 이 선들이 2020년 가장 아름다운 그래프라고도 말했다.

이 그래프에는 백신 예방 효과의 추정값도 같이 기록되어 있다. 이 보고서의 추정값은 0.916 또는 91.6%이다. 백신을 접종받으면 코로나–19에 감염되었을 1,000명 중 916명이 감염되지 않고 지나간다는 뜻이다. 그러나 이 추정값은 정확하지 않다. 전체 집단 중 단 3만 명을 대상으로 조사한 결과이기 때문이다. 대신 이 추정값이 얼마나 정확하지 않은지 같이 표시한다. 만약 임상시험에 다른 3만 명이 선정되었다면 백신 예방 효과는

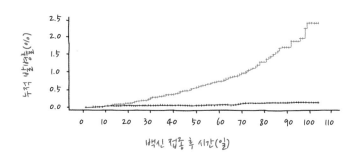

〈그림 2〉 모더나 백신 처방을 받은 그룹(검정)과
위약 처방을 받은 그룹(녹색)의 시간에 따른 코로나-19 발병률 비교

(출처: 미국식품의약청)

(높은 확률로) 85.5~95.1% 중 하나의 값으로 추정될 수도 있음을 밝히고 있다.

모더나 이외에도 화이자, 얀센, 아스트라제네카 등 국내에 도입된 모든 코로나-19 백신의 효과는 임상시험을 통해 확인된 것이다. 이 백신들은 모두 수천, 수억 명에게 접종되었고, 실제 예방 효과는 임상시험에서 도출된 예방 효과 추정값과 대체로 일치한다. 적어도 코로나-19 바이러스 변이가 유행하기 전까지는 그랬다.

범죄 예측 프로그램의 원리

영화 〈마이너리티 리포트〉는 미래에 일어날 범죄를 정확하게 예측할 수 있는 초현실적인 세계가 펼쳐진다. 이러한 시나리오가 현실에서 가능할까? 우리는 얼마나 정확하게 범죄를 예측할 수 있을까? 실제로 미디어에서는 지능형 치안 서비스, 인공지능 기반 테러 예측 등 여러 기술과 시스템이 회자되고 있다.

특정한 시각에 특정한 장소에서 범죄가 발생할지 예측하고자 한다. 예를 들어 토요일 저녁 6시에서 12시 사이

수학보다 데이터 문해력

에 서울 시청 인근에서 범죄가 발생할까? 우리에게는 데이터가 있으니 답을 얻을 수 있다. 지난 10년 동안 토요일 저녁 6시에서 12시 사이에 발생한 서울 시청 인근의 범죄 건수를 조사하였더니 약 500일 중 단지 5일만 범죄가 발생했다(가상의 데이터이므로 실제 사실과 무관하다).

이 데이터와 더불어 다양한 추가 데이터에 기반한 범죄 예측 모형을 구축하였는데 정확도가 90%, 즉 범죄가 발생하거나 발생하지 않는 사실을 정확히 예측할 확률이 90%라고 한다. 과연 이 정확도만으로 이 예측 모형의 성능을 평가할 수 있을까? 매우 간단한 예측의 정확도부터 알아보도록 하자.

예측: 데이터와 조건이 무엇이든 토요일 저녁, 시청에서는 범죄가 일어나지 않는다.

이 예측의 정확도는 무려 99%이다. 범죄가 발생할 확률이 5/500, 1%이기 때문이다. 물론 쓸모가 전혀 없는 예측이다. 범죄 발생 같이 매우 드문 사건을 예측할 때에는 예측의 정확성이 아닌 다른 기준으로 평가해야 한다. 예를 들어 실제 범죄가 발생했을 때, 이미 그 범죄 사실이 예측되었는지 비율이나 확률로 나타낸 '민감도'가 기준일 수 있다. 예측 모형이 실제 범죄 발생에 얼마나 민감한지 나타내는 측도이다. 정확도 99%의 너무 간단한 예측은 민감도가 0점이다. '정밀도'라는 측도도 있다. 이번에는 반대로 범죄가 일어날 것으로 예측된 지역과 장소에서 실제로 범죄가 발생하는 확률이다. 민감도와 정밀도가 동시에 높아야 좋은 예측 모형이라 할 수 있다.

민감도와 정밀도는 트레이드오프 관계에 있다. 민감도를 높이면 정밀도가 감소하고, 정밀도를 높이면 민감도가 감소한다. 하지만 두 예측 방법을 비교했을 때, 한 예측 방법의 민감도와 정밀도가 다른 방법보다 더 높을 수 있다.

의학에서도 비슷한 경우를 관찰할 수 있다. 현재 우리나라 국민 대다수는 암 같은 중병에 걸려 있지 않다. 흔한 암 중 하나인 폐암 발생률은 10만 명당 60명이 채 되지 않는다.[14] 0.06%다. 그러니 정확도가 95%인 암 진단법은 무조건 암이 없다는 진단법보다 예측의 정확도가 떨어진다고 할 수 있다. 무조건 없다고 해도 정확도가 거의 100%에 가깝지 않은가. 범죄 예측 모형과 마찬가지로 암 진단법 성능은 민감도와 정밀도를 동시에 따져야 한다.

암 진단에서 민감도는 실제 종양(암)이 있는 사람의 검사 결과가 암 양성으로 나올 확률이다. 정밀도는 검사 결과 양성인 사람이 실제 종양이 있을 비율이다. 정밀도 대신 특이도를 쓰기도 하는데, 특이도는 종양이 없는 사람의 결과가 암 음성일 확률을 말한다. 병이 없는 사람을 얼마나 잘 특정하는지 밝히는 지표인 셈이다.

실제 범죄 예측 시스템은 범죄 발생을 예측하기보다 범죄 발생 확률만을 보고한다. 시간과 장소에 따른 사전 범죄 정보뿐만 아니라 기온, 강수량, 풍속, 습도 등 날씨 데이터, 지역의 평균 건폐율, 용적률, 높이, 공시지가 등 지리 데이터를 모두 이용해 범죄 발생 확률을 추정해 지도 위에 범죄 발생 '핫스팟'을 표시해준다.

IBM의 범죄 예측 모형은 미국의 대도시 중 하나인 멤피스에 적용되어 범죄 발생을 30%나 줄였다.[15] 이 범죄 예측 시스템은 특정 지역과 시각에서 범죄 발생 확률을 추정한다. 경찰관 배치와 순찰을 '확률적으로' 효율화하는 방법이다.

믿기 어렵겠지만 미국에는 실제로 〈마이너리티 리포트〉에서 특정인을 범인으로 지목하는 것과 같은 시스템이 있다. 바로 범죄 혐의를 받는 피고가 재범이 될 가능성을 예측해 알려주는 에퀴반트(equivant)라는 기업의 COMPAS 시스템이다.[16] 판사가 형량을 정할 때 실제로 이 시스템을 이용할 수 있다고 하니 어느 정도 신뢰를 받고 있는지 알 만하다.[17] 이 정도면 정말 〈마이너리티 리포트〉는 미래가 아니라 현실 이야기일지 모르겠다.

45

소음에 둔감한 예측 방법이
더 좋을 수 있다

트레이드오프는 어느 하나를 얻으려면 다른 하나를 반
드시 희생해야 하는 관계이다. 내일이 시험이라 벼락치
기를 하는데, 수학을 공부하면 영어 공부할 시간이 없
고, 영어를 공부하면 수학 공부할 시간이 줄어드는 원리
이다. 경제학에서는 실업률을 줄이면 물가가 오르고, 물
가를 안정시키면 실업률이 높아지는 것이 대표적이다.
우리말로 하자면 서로 충돌하는 관계 또는 상충 관계라
고 한다.

이 상충관계가 쉽게 해결되는 경우도 있다. 예를 들어 어떤 상품을 개발해 생산한다고 하자. 품질을 높이면 판매가격이 높아야 하고, 판매가격을 낮추면 품질을 포기해야 하는 트레이드오프가 발생한다. 기업의 목표는 단순하다. 상품을 판매해 얻을 수 있는 수익이 높아야 한다. 품질이 좋아 가격이 매우 비싸면 판매량이 매우 낮다. 반대로 품질을 포기하고 싸게 팔면 많이 팔리겠지만 이윤이 작다. 그래도 그 사이 어디인가 판매 수익이 가장 높은 지점이 있기 마련이다. 바로 품질과 가격의 균형점이다. 예를 들면 다음과 같다.

> 높은 품질, 높은 마진(100만 원), 낮은 판매량(1개)
>
> =수익 100만 원
>
> 중간 품질, 적당한 마진(10만 원), 적당한 판매량(20개)
>
> =수익 200만 원
>
> 낮은 품질, 낮은 마진(1만 원), 높은 판매량(100개)
>
> =수익 100만 원

품질과 판매가격을 모두 적당히 희생할 때 수익이 가장 높은 균형점이 나타난다. 트레이드오프가 그렇게 쉽게 해결된다.

예로 든 판매량은 팔아보기 전에는 알 수 없다. 이 판매량은 예측된 값이다. 판매량에 영향을 주는 가격, 품질, 디자인, 시장 환경 등 여러 변수가 있다. 한 값으로 다른 값을 설명하고 예측하는 회귀분석을 이용하면 낮은 품질의 제품을 팔았을 때 평균 판매량은 100개로 추정된다. 여기서 평균 판매량은 모수, 즉 실제로는 알 수 없는 값이며 이 미지수를 추정한 값이 곧 100개이다.

추정값이 정확하려면 편향되지 않고, 분산(값이 변하는 정도나 변동)이 적어야 한다. 기초적인 회귀분석 방법은 편향이 없는 추정값을 준다. 회귀분석이 가장 기초적이면서 강력한 이유는 곧 편향이 없는 방법 중에 분산이 가장 작기 때문이다. 편향을 강제로 도입하는, 일종의 '기술'이 도입되기 전에는 어느 상황에서도 불확실성을 최소화할 수 있는 예측 방법이었다.

만약 편향을 강제로 도입할 수 있다면? 상식에 어긋날 수 있겠지만 회귀분석 알고리즘이 계산한 예측값이 판매량 100개일 때 우리의 결론은 90개가 되는 식이다. 회귀분석의 예측값에는 편향이 없지만 새로운 예측값 90개는 작은 쪽으로 편향되었다. 이런 식이면 실제보다 더 적게 판매량을 예측하게 된다. 없던 편향을 일부러 만든 것이다.

놀랍게도 통계학에서는 이같이 강제로 편향을 도입하는 방법이 종종 쓰인다. 이처럼 상식에 어긋나는 방법을 쓰는 이유는 바로 통계학에도 트레이드오프가 있기 때문이다.

예측의 편향과 분산은 트레이드오프 관계에 있다. 편향을 키워 분산을 작게 할 수 있다는 뜻이다. 예측하려는 모수를 과녁의 정중앙이라고 생각한다면 데이터로부터 구한 이 모수의 추정값은 과녁에 꽂힌 화살들이다. 화살 하나가 아닌 화살들인 이유가 있다. 예측값 '100개'는 화살 하나에 해당하지만 이 값은 오늘을 다시 살 때마다 달라질 수 있다. 오늘을 반복한다면 99개나 110개였을 수도 있다.

〈그림〉의 왼쪽 과녁에 화살 자국 10개가 있다. 만점에 가까울 때도 있고, 0점에 가까울 때도 있다. 변동 또는 분산이 매우 크다. 오른쪽 과녁은 화살들이 영점이 맞지 않아 오른쪽 위로 치우쳤다. 다시 말해 오른쪽 위

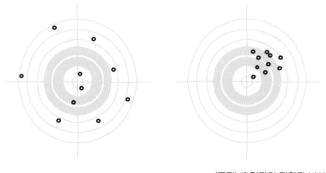

<그림> 추정값의 편향과 분산

로 편향된 추정값이다. 하지만 일종의 '탄착군'이 아주 잘 형성되어 있다. 치우침이 있지만 변동은 매우 적다. 왼쪽 과녁은 편향이 없지만 분산이 큰 추정값, 오른쪽은 편향이 있지만 분산이 작은 추정값을 나타낸다. 어느 쪽 과녁의 점수가 더 높을까? 왼쪽 과녁이 기초적인 회귀분석의 답이고, 오른쪽 과녁은 (비상식적인) 편향을 강제로 도입한 답이라면 편향이 있어도 되지 않을까.

제품의 품질과 가격의 균형점을 찾도록 해준 심판은 수

익이었다. 과녁 비유에서는 이 심판이 바로 과녁에 꽂힌 화살들의 총 점수이다. 예측 문제에서도 마찬가지이다. 이때 심판은 예측값이 (미지의) 참값으로부터 얼마나 가까울지 살펴본다. 편향이 있어도 분산이 작다면 오차가 작을 수 있다.[18]

편향과 분산이 항상 트레이드오프 관계에 있는 것은 아니다. 어떤 경우는 편향을 도입해도 분산이 줄어들지 않는다. 잘못된 편향을 도입하면 편향과 분산이 늘어나기도 한다. 편향과 분산의 트레이드오프가 발생하는 가장 대표적인 경우는 예측에 쓰이는 변수가 너무 많을 경우이다. 데이터 개수는 한정적인데 변수가 너무 많다면 예측값이 데이터 하나하나에 민감하게 반응한다. 수집된 데이터의 작은 소음에 예측값이 크게 바뀌는 것이다. 즉 편향을 도입하면서 소음에 둔감한 예측 방법이 오히려 더 좋을 수 있는 것이다.

복잡한 예측분석법, 예를 들면 라쏘 회귀분석, 랜덤 포레스트, 딥러닝 등은 치우친(편향된) 답을 주어 전체적인 정확도를 높이도록 설계되어 있다.

46

분석의 정확도를 2배 높이려면 4배 돈을 써라

데이터는 거짓말을 하지 않는다. 데이터에 기반한 의사 결정이 필요하다는 말이다. 그런데 데이터는 '우연히' 거짓말을 하기도 한다. 전체를 100% 반영하지 못하는 일부일 뿐인 태생적인 한계 탓이다. 여론조사의 일반적 인 표본 크기인 1,000명으로 정당 지지율을 추정할 때 는 분석의 표본 오차가 약 3% 정도이다. 정당 지지율 이 30%로 조사되어도 진짜 지지율은 사실 27%이거나 33%일 수 있다는 뜻이다.

이 오차를 줄이기 위한 첫 번째 방법은 더 정교한 통계 방법론을 사용하는 것이다. 이는 여론조사 전문가 와 통계학자들 몫이다. 두 번째 방법은 데이터나 표본 크기를 키우는 것이다. 이는 투자를 더 많이 하면 해결할 수 있다. 표본 크기 1,000명을 조사할 때 1,000만 원이 필요하다면 2,000명 조사할 때는 2,000만 원 정도 필요할 것이다. 그렇다면 표본 오차를 반으로 줄이려면 표본 크기를 얼마나 키워야 할까? 이 질문을 던지면 대부분 1,000명의 2배인 2,000명이라고 대답하지만 그렇지 않다. 표본 크기는 4배 키워야 한다. 만약 표본 크기가 4,000명이면 표본 오차가 1.5%가 되는 셈이다. 수식으로 표현하면 다음과 같다.

$$표본\ 오차 \propto \frac{1}{\sqrt{표본\ 크기}}$$

표본 오차는 표본 크기의 제곱근에 비례해 작아진다는 뜻이다. 제곱근의 법칙이다. 표본 오차가 작을수록 정확도가 높아진다면 다음과 같이 표현할 수 있다. 정확도를 표본 오차의 역수로 정의할 때이다.

$$분석의\ 정확도 \propto \sqrt{표본\ 크기}$$

표본 크기가 늘어날 때 표본 오차가 작아지고 분석

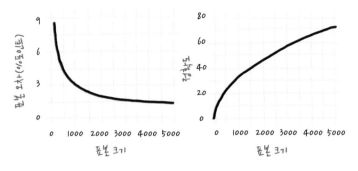

표본 오차(%포인트)

표본 크기

정확도

표본 크기

〈그래프 1〉 표본 크기, 표본 오차, 정확도의 관계

의 정확도도 높아지지만 생각만큼 높아지지는 않는다. 제곱근의 법칙이다. 표본 수를 늘리면 그만큼 돈이 더 들어간다. 분석의 정확도를 2배 높이려면 돈을 4배는 써야 한다.

표본 크기는 어떻게 정해지는 것일까? 다다익선이다. 그러나 데이터를 많이 수집할수록 돈이 많이 든다. 표본 크기를 정하는 가장 좋은 방법은 미리 정한 표본 오차에 딱 맞게 정하는 것이다. 표본 오차가 3%보다 작기를 원한다면 표본 크기를 1,000명 이상으로 하면 된다. 여론조사라면 표본 오차가 기준이지만 다른 분석이라면 예측력, 검정력 등 다양한 지표가 기준이 된다.

표본 크기를 정하는 마지막 방법은 분석의 정확도가 높아질 때 효용과 표본 수에 따른 비용을 비교하는 것이다. 일종의 최적화 방법이다. 효용과 비용은 경우에 따라 달라진다. 예를 들어 효용은 분석의 정확도와 비례하도록 하고, 표본 크기가 곧 비용이라고 하면 다음과 같은 식이 성립한다.

$$효용=분석의 정확도 \propto \sqrt{표본\ 크기}$$
$$비용=표본\ 크기$$

효용은 높이고 비용은 줄이는 게 좋으니 기대이익은 다음과 같다.

$$기대이익=효용-비용$$

표본 크기에 따른 기대이익을 그래프로 표현하면 (이 경우) 표본 크기가 1,000일 때 가장 기대이익이 높다는 것을 확인할 수 있다. 즉 기대이익이 가장 크도록 최적화된 표본 크기는 1,000명이다.

이 계산은 물론 '효용'과 '비용'을 어떻게 정하느냐

에 따라 그 결과가 달라진다. 만약 표본 크기에 따른 효용은 그대로인데 비용이 표본 크기의 2배라면 최적화된 표본 크기는 1,000명이 아닌 250명이 된다. 제곱근의 법칙이 여전히 적용되는 것이다.

최적화를 이용해 표본 크기를 정하는 방법은 매우 매력적이지만 실제로 적용하기에는 여러 문제가 있다. 가장 큰 문제는 분석의 '효용'을 무엇으로 어떻게 정해야 하느냐는 것이다. 효용과 비용이 항상 비교 가능한 값인 것은 아니어서 더 어려운 문제이다.

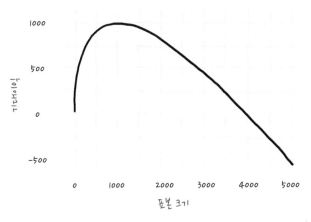

〈그래프 2〉 표본 크기에 따른 기대이익

여론조사의 정확도나 표본 오차 3%의 효용은 얼마인가? 여론조사의 효용과 여론조사에 필요한 비용을 직접 비교할 수 있을까? 이 질문을 회피하기 위해서 정확도, 표본 오차, 검정력 등 기준을 먼저 세운 뒤 표본 크기를 정하는 방법이 가장 널리 쓰이고 있다.

데이터, 신호, 소음

Data Literacy over Mathematics

There are three kinds of lies:

lies, damned lies, and statistics.

세상엔 세 가지 거짓말이 있다. 거짓말, 새빨간 거짓말,
그리고 통계.

— 벤저민 디즈레일리(Benjamin Disraeli)

47

정보 디자이너 에드워드 터프티의
거짓말 지수

〈뉴욕타임스〉가 '데이터의 레오나르도 다 빈치'라고 소개한[1] 정보 디자이너 에드워드 터프티(Edward Tufte)는 평생 데이터 프레젠테이션과 그래픽 디자인 교육에 힘썼다. 그의 가르침 중 중요한 것은 그래픽에서의 '축'이다.

　　다음 페이지 〈그래프 1〉을 보자. 가장 왼쪽 막대와 가장 오른쪽 막대를 비교하면 오른쪽 막대가 약 2배 길다. 그런데 왼쪽 끝 1921년 평균 기온 53.81°F보다 오른쪽 끝 2012년 평균 기온 55.3°F는 고작 1.5도 높을 뿐이다. 우리에게 익숙한 섭씨로는 12.12℃와 12.94℃ 차이이다. 이 막대그래프는 세로축이 화씨 53°F에서 시작해 상대적인 온도 차이를 설명하지 못한다.

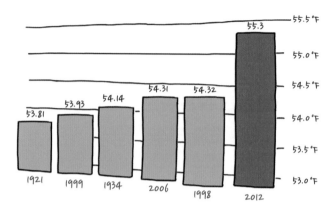

〈그래프 1〉 미대륙의 연도별 평균 온도(화씨) 높은 순위

미대륙의 2012년은 유례없이 더웠다.

오른쪽 〈그래프 2〉를 보자. 영국 신문사 〈데일리메일〉에서 '지구온난화는 없다'는 주장의 근거로 내세운 데이터 그래픽이다. 지난 10년 동안 지구의 평균 온도는 그리 많이 상승하지 않았다. 따라서 지구온난화는 없다? 이 그래프 역시 축이 문제이다. 지구온난화로 인한 온도 상승은 산업화가 퍼진 20세기부터 시작된 현상이므로 가로축의 시작을 1997년이 아닌 1900년으로 바꾸어야 한다. 그래야 지구 온도가 상승하는 패턴이 명백해진다.

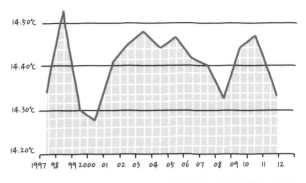

14.60℃

14.50℃

14.40℃

14.30℃

14.20℃

1997 98 99 2000 01 02 03 04 05 06 07 08 09 10 11 12

〈그래프 2〉 지구온난화는 없다?

(《데일리메일》 2012. 1)

터프티는 데이터 그래픽의 오용을 경계하였다. 정확한 데이터와 통계값을 이용해 그래픽을 그리더라도 위 두 그래프처럼 '잘못된 정보 전달'이 가능하다. 터프티는 데이터 그래픽이 오용될 가능성을 판단하기 위해 거짓말 지수를 도입하였다. 거짓말 지수는 그래픽에 표현된 차이를 실제 데이터의 차이로 나눈 값으로 그 값이 클수록 '거짓말'일 가능성이 높다는 뜻이다. 〈그래프 1〉의 경우 그래픽에 표현된 차이는 1921년과 2012년을 비교할 때 대략 2배 또는 거의 100% 증가하지만 실제 데이터의 차이는 53.81°F에서 55.3℃로 약 2.7% 증가에 불과하다. 이 그래픽의 거짓말 지수는 약 37이다.

$$100/2.7 ≈ 37$$

두 〈그래프〉는 그나마 얌전한 편이다. 〈그래프 3〉은 제작자의 의도가 너무나 노골적으로 드러나는 잘못된 그래픽이다. 선의 높낮이로 표현된 값과 데이터의 값이 전혀 다르다. 비교를 위해 더한 세로축 역시 아무 역할도 없고, 정확하지도 않다. 터프티가 이 그림을 보았다면 거짓말 지수를 얼마로 계산했을까? 측정 자체가 불가능하다며 두 손 두 발 들었을지 모를 일이다.

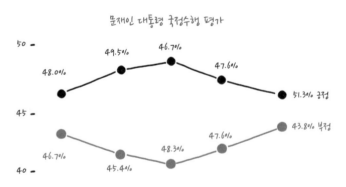

〈그래프 3〉 YTN 2019년 7월 7일 방송

48

스티브 잡스, 블랙베리를
따라잡기 위해 정보를 왜곡하다

2021년 초 대한민국의 고위공직자 범죄수사처(공수처)가 오랜 논쟁 끝에 출범했다. 국민 여론은 시시각각 달랐다. 2019년 초 종합편성채널 시사 프로그램인 '판도라'에서 공수처 설립에 대한 국민 여론조사 결과를 파이 차트로 시각화해 보여주었다(〈그림 1〉).

파이 차트(파이 차트의 파이는 애플파이와 같은 음식을 뜻한다) 또는 원그래프는 각 부분을 부채꼴 형태로 보여준다. 찬성-반대-모름 비율처럼 모두 합쳐 100%가 되는 각각의 비율을 시각화한다. 그런데 '판도라'의 파이 차트가 뭔가 이상하지 않은가? 그림에 녹색으로 표시된 '찬성'은 파이의 절반 조금 못 미친다. 그런데 숫자로 표시된 찬성

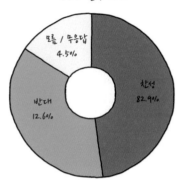

〈그림 1〉공수처 설립 찬반의 비율을
표시한 파이 차트
(출처: 판도라(MBN), 2019년 3월 18일)

비율은 무려 82.9%이다. 거짓말이다. 다음 〈그림 2〉 같
이 고쳐 그려야 한다. 찬성 비율이 압도적으로 높다는
것을 쉽게 알 수 있다.

데이터 시각화 전문가들은 파이 차트를 좋아하지

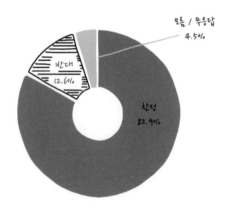

〈그림 2〉공수처 설립 찬반 비율을
제대로 표시한 파이 차트

수학보다 데이터 문해력

않는다. 파이 차트는 잘못된 시각적 정보를 매우 쉽게 전달하기 때문이다.

파이 차트를 의도적으로 잘못 그려 상대를 속이는 일은 비일비재하다. 신문과 TV뿐만 아니라 기업들도 이용한다. 애플 창립자 스티브 잡스도 예외는 아니었다. 아이폰이 출시된 지 얼마 지나지 않았을 때 스티브 잡스는 오바마 대통령도 애용한 블랙베리를 만든 RIM을 따라잡고 싶었다. RIM의 스마트폰 시장 점유율은 당시 39%였다. 애플의 아이폰은 19.5%였다. 2위를 달리고 있었다. 숫자만 이야기하면 시장 점유율 차이(39% 대 19.5%)가 대략 2배인 것을 쉽게 알 수 있다. 파이 차트를 그리면 이 2배 차이가 시각적으로 쉽게 전달될까? 스티브 잡스가 미국의 스마트폰 시장 점유율을 소개하는 〈그림 3〉을 보면 애플이 2위이지만 RIM에 크게 뒤지지 않는다. 물론 파이 차트를 잘못 그렸다. 2위로 보이는 검정색의 애플과 흰색의 기타(Other)를 비교해보면 쉽게 알 수 있다. 19.5% 파이 조각이 21.2% 파이 조각보다 크다. 거짓말이다.

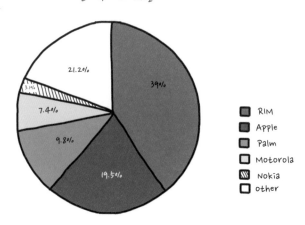

스마트폰 미국 시장 점유율

- RIM 39%
- Apple 19.5%
- Palm 9.8%
- Motorola 7.4%
- Nokia 3.1%
- other 21.2%

〈그림 3〉 스티브 잡스가 소개하는 스마트폰 시장 점유율 파이 차트

파이 차트는 그 합이 전체를 이루는 부분들을 표현한다. 개와 고양이를 키우는 가정의 비율을 비교할 때 파이 차트를 쓸 수는 없다. 개와 고양이를 동시에 키우는 가정은 어떤 파이에 속해야 할까? 이처럼 상호배타적이지 않은 비율들, 합쳐 100%가 넘는 비율들을 비교할 때는 파이 차트를 쓸 수 없다. 파이 차트의 파이 조각들이 너무 많을 때도 적합하지 않다. 정보 과잉이다.

요즘은 파이 차트를 3차원(3D)으로 그리기도 하는

수학보다 데이터 문해력

데, 이유는 간단하다. 더 멋있기 때문이다. 3D 그래픽에서는 가로-세로뿐 아니라 깊이도 표현된다. 가까운 쪽이 더 크게 보인다. 역시 정보 왜곡이다.

파이 차트가 제 역할을 할 때도 있다. 75%와 25%를 비교하면 정확히 3배 차이가 난다. 이처럼 단순한 비교를 할 때는 그 어떤 그래프보다 파이 차트가 시각적으로 더 효과적이다. 이러한 경우 말고는 파이는 먹을 때 쓰도록 하자.

49

21세기에 20세기의 유물이
유효한 이유

내가 통계학을 처음 배우던 지난 세기말에는 온갖 교과
서에 '자료'라는 단어가 빈번하게 등장했다. 지금 우리
는 자료보다 '데이터'라는 단어를 더 많이 사용한다. 물
론 두 단어는 같은 뜻이다. 데이터(data)를 우리말로 번역
하려면 자료 외에 다른 선택은 없다. 그런데 두 단어의
함의는 조금 다르다. 자료가 지루하고 어려운 느낌이라
면 데이터는 더 친숙하다.

사실 데이터라는 말은 일상생활에서 자주 접한다.
컴퓨터, 핸드폰, 태블릿 PC, 각종 스마트 기기 등 대량의
정보를 처리할 수 있는 제품이 일상화되면서 전자정보
처리의 근간이 되는 데이터라는 단어의 사용 빈도도 늘

었다. 핸드폰 요금제를 선택할 때도 '데이터 무제한' 같은 표현이 익숙하다. 여기서 쓰이는 데이터 뜻은 단순히 비트(bit)의 양^{2}이지만 어쨌든 데이터라는 단어를 친숙하게 만드는 데 일조했다.

빅데이터(big data)라는 새로운 표현도 자주 등장한다. 인터넷 포털사이트에서 '빅데이터'를 검색하면 연관검색어로 '분석'이라는 단어가 바로 보인다. 빅데이터 분석, 우리말로 풀어쓰자면 그저 '큰 자료 분석'이다. 자료, 데이터, 빅데이터 모두 분석의 대상이다.

'자료'는 '분석'이라는 '목적' 아래 능동적으로 '수집'한다. 철판을 생산하는 공장에서 제품 강도를 측정한 값들은 품질 관리라는 목적 때문에 수집된 자료이다. 과학자는 새로운 과학적 발견을 위해 실험 결과, 즉 자료를 구한다. 통계학 교과서에 등장하는 자료는 모두 분석을 위해 특별히 준비되었다. 이처럼 자료는 분석을 위해 존재한다. 자료와 데이터를 가르는 가장 큰 특징이 목적이다.

21세기의 데이터는 목적이 없다. 목적이 없어 누가 특별히 모으는 것도 아니다. 자동으로 쌓인다. 어떤 환자의 의료 기록은 그 환자의 건강 관리를 위해 기록된 것이지 환자 몇백만 명을 동시에 분석하기 위해 모은 것은 아니다.

구글과 네이버 검색 기록과 유튜브 시청 기록 등도 로그 파일 형태로 서버에 자동으로 쌓인 것이다. 이러한 데이터들은 정제되지 않았고, 쌓인 형태 역시 제각각이다. 전통적인 자료는 표 형태로 정리되어 있지만 데이터는 정리되기 전 형태이므로 분석하려는 시도조차 하기 어렵다.

자료를 20세기의 유물이라고 생각할 수도 있겠다. 빅데이터라고 불리는 엄청난 양의 데이터가 이미 있는데 왜 조사, 실험 및 관찰 등을 통해 소량의 자료를 모으는 것일까? 대통령 선거 결과를 예측하기 위한 여론조사 결과는 자료이다. 각 후보에 대한 구글과 네이버 검색량, 트위터, 페이스북 등에서 언급하는 횟수 등은 빅데이터이다.

데이터, 자료에는 신호와 소음이 섞여 있다. 빅데이터는 그 크기는 크지만 신호가 어떤 식으로 숨어 있는지 알기 어렵다. 잘못된 결론을 내릴 위험도 매우 크다. 애초에 분석을 염두에 두고 모으지 않았기 때문이다. 반대로 여론조사나 과학적 실험은 자료 분석을 통한 추론을 목적으로 설계된다. 그래서 데이터에 어떤 방식으로 신호가 숨어 있을지, 어떻게 그 숨은 신호를 찾을 수 있을지 미리 디자인할 수 있다.[3] 데이터로부터 신호를 추출하기 쉽다.

빅데이터가 쌓이는 21세기에도 20세기의 자료 수집이 여전히 중요한 이유이다.

50

웹 스크래핑과 리포트 마이닝, 진실은 어디에 있을까?

빅데이터. 지난 10년 동안 인공지능과 함께 그 사용 빈도가 급격히 높아진 단어 중 하나이다. 각종 미디어에서도 "빅데이터를 활용한…", "빅데이터 분석 기법" 같은 수식어를 자주 볼 수 있다. 미디어나 사회과학 연구에서 빅데이터 분석 대상은 크게 두 종류이다.

첫 번째는 인터넷에 널린 방대한 데이터이다. 웹 스크래핑(web scraping)을 이용해 트위터 멘션, 페이스북 포스트 등에서 '긁어' 모으는 데이터로, 대량의 짧은 글들을 모으기 때문에 '텍스트 데이터'라고 부른다. 페이스북 등에서 누가 누구와 친구인지 같은 정보는 '네트워크 데이터'라고 부른다. 구글이나 네이버의 특정 키워드 검색량 역시 웹 스크래핑의 일종이다.

두 번째는 리포트 마이닝(report mining)이다. 정부와 기관의 다양한 행정 자료나 전자적으로 자동 수집되는 기관 또는 기업의 내부 자료이다. 양이 방대하므로 역시 빅데이터라고 불린다.

몇 년 전 발표된 연구 논문 제목은 '빅데이터 분석을 통한 갑질 특성 연구'였다.[4] "2013년부터 2018년까지 네이버 뉴스 기사와 트위터 기록의 문자 파일을 수집해 특정 단어와 중복되어 사용된 단어들의 빈도를 추적"하는 방식으로 연구를 진행했다고 한다.

'벤츠 E-클래스는 맞벌이 전용차? 소셜 빅데이터 분석 결과'는 2019년 8월 10일 〈이데일리〉 기사 제목이다. "2016년 1월부터 2019년 6월까지, 블로그, 커뮤니티, 인스타그램 등 온라인상에서 이루어진 E-클래스와 관련된 담론들을 분석하여 핵심 연관어를 추출"하여 분석했다고 한다. 그렇다면 네이버 뉴스, 블로그와 커뮤니티 등을 분석하는 것만으로 벤츠 E-클래스를 타는 대표적인 부류가 맞벌이라고 볼 수 있을까? 성급한 일반화의 오류다. 트위터, 블로그, 커뮤니티에 글을 쓰는 사람이 전체 E-클래스 소유주 중 몇 퍼센트일지 생각해보자. 일부 '목소리가 큰' 사람의 의견이 과하게 대표되는 곳이 인터넷인 점을 감안하면 웹 스크래핑을 이용한 분석은 아무래도 대표성이 부족하다.

리포트 마이닝으로 수집한 빅데이터는 괜찮을까? 정부의 행정 빅데이터는 전체에 대한 자료이므로 대표성의 문제가 없다. 예를 들어 국민건강보험공단의 의료 이용 자료는 국민건강보험공단에 진료비를 청구한, 즉 약국과 병원 등 의료기관을 이용한 모든 국민에 대한 데이터이다. 이 빅데이터를 분석한 결과가 '빅데이터 분석 … 중증질환, 부자가 더 많이 걸린다'라는 제목으로 2013년 3월 7일 〈동아일보〉에 실렸다.

이 기사에서는 국민건강보험공단의 빅데이터를 바탕으로 "전립샘암과 유방암 같은 선진국형 질병은 강남구 서초구 송파구 같은 이른바 '부자 동네'에서 많이 발생했다"라면서 서초구는 전립샘암 환자가 10만 명당 444명으로 중랑구에 비해 무려 2.5배가 높다고 근거를 제시한다. 사실일까? 사실이다. 국민건강보험공단의 데

수학보다 데이터 문해력

이터가 틀렸을 리 없다. 그렇다면 정말 부자들이 중증질환에 더 많이 걸릴까? 그렇지 않다. 통계청 국가통계포털을 보면 강남구와 서초구 등 '부자 동네'의 표준화 사망률이 서울에서 가장 낮은 편이다.[5] 그런데 왜 서초구에 전립샘암 환자가 많을까? 여러 가지 이유가 있을 수 있겠다. 서초구는 고소득자 비율이 높으므로 의료기관 이용 빈도 역시 높다. 질병을 조기에 발견한 뒤 지속해서 치료받을 확률 역시 높다. 국민건강보험공단의 자료는 의료기관 이용에 대한 데이터이지 질병 유병률에 대한 데이터는 아니다. 의료기관 이용 빈도를 보고 유병률에 대한 잘못된 결론을 내린 것이다.[6]

빅데이터 분석은 조심해야 한다. 데이터가 편향되었다는 사실을 잊을 만큼 대량의 데이터가 있기 때문이다. 분석 대상인 데이터가 실제 결론을 지지하는 것인지 꼼꼼하게 따져봐야 한다. 빅데이터는 새로운 정보의 보물창고이다. 하지만 그 안에서 찾은 것이 언제나 보물은 아니다. 신기루일 가능성도 높다.

51

미스 아메리카와
뜨거운 살인 사건

2005년 미스 아메리카는 의학을 공부하던 데드리 다운스(Deidre Downs)가 차지했다. 당시 24살이었던 그는 이전에 선정되었던 미스 아메리카보다 상대적으로 나이가 많았다. 그리고 그해 미국에서 뜨거운 증기와 높은 온도의 물체에 의한 살인 건수는 8건이나 발생했다. 이듬해에는 22살인 미스 아메리카가 선정되었고, '뜨거운 살인'은 단 4건 발생했다. 그다음 해인 2007년 미스 아메리카는 더 어린 20살이었고, 뜨거운 살인 역시 2건으로줄었다. 우연의 일치일까? 미스 아메리카의 나이가 24살이었던 1999년부터 2001년까지 3년 동안 뜨거운 살인 건수 역시 매해 7건이었다. 미스 아메리카의 나이와

뜨거운 살인 건수는 정말로 강력한 상관관계가 있다!⁷

미스 아메리카와 뜨거운 살인은 상식적으로 아무 관계가 없다. 그런데도 왜 이런 강력한 상관관계가 있을까? 두 사건을 연결하는 비밀이 어디에 숨어 있을까? 아무리

연도	미스 아메리카의 나이	뜨거운 살인 건수
1999	24	7
2000	24	7
2001	24	7
2002	21	3
2003	22	4
2004	21	3
2005	24	8
2006	22	4
2007	20	2
2008	19	3
2009	22	2

〈표〉 1999년부터 2009년까지 미스 아메리카의 나이와
뜨거운 물체에 의한 살인 사건 수

(출처: https://www.tylervigen.com/)

생각해도 그럴 리 없다. 그저 우연일 뿐이다. 이처럼 말도 안 되는 우연의 비밀은 바로 빅데이터에 있다.

미스 아메리카의 나이는 선정되기 전에는 미리 알 수 없는 값이다. 뜨거운 살인 건수는 미스 아메리카의 나이와 관계없이 몇몇 불운한 우연이 겹쳐 결정되는 값일 뿐이다. 미스 아메리카의 나이와 살인 건수처럼 서로 전혀 관계가 없는 두 값이 우연히 강력한 상관관계를 보이는 것이다. 1,000번 중 1번 일어날까 말까 할 정도로.

이처럼 매우 드문 일도 매우 많이 비교하다 보면 결국에는 일어난다. 동전을 1번 던지면 그 결과는 앞면이나 뒷면 중 하나이다. 그런데 1,000번 던지면 1번 정도 동전이 엎어지지 않고 옆면을 바닥에 대고 서 있을 수도 있지 않을까? 1,000번이 부족하다면 10만 번 중 1번은 어떨까? 이것이 세계적인 통계학자 데이비드 핸드(David Hand)가 《신은 주사위 놀이를 하지 않는다》에서 제시한 '필연성의 법칙'이다. 아무리 희귀한 일이라도 벌어질 가능성이 조금이라도 있다면 결국 벌어진다. 물론 동전을 무한히 던져야 하지만 말이다.

빅데이터는 큰 데이터이다. 무한에 가까울 정도로 매우 많은 변수가 있다. 이 가운데 대부분은 미스 아메

수학보다 데이터 문해력

리카의 나이와 뜨거운 살인 건수처럼 서로 전혀 관계가 없다. 다작으로 유명한 배우의 매해 영화 출연 편수, 한국의 기차 사고 건수, 일본 자동차의 미국 판매량 등 서로 전혀 관련 없는 100개의 변수를 비교한다면 최소 한 쌍의 변수에서 강력한 상관관계를 찾을 수 있는 것은 필연이다. 다만 어떤 변수 쌍이 '의심스러운' 상관관계를 보일지 미리 알 수 없을 뿐이다.

빅데이터는 21세기의 보물섬이다. 그 크기가 엄청난 만큼 여러 보물이 숨겨져 있다. 동시에 쓰레기도 많이 섞여 있다. 그렇게 가늠하기 어려울 만큼 시끄러운 소음은 신호로 위장하기도 한다. 빅데이터를 의심해야 하는 또 다른 이유이다.

수학보다 데이터 문해력

어느 직장에 취직해야
더 많은 연봉을 받을 수 있을까?

당신은 엔터테인먼트 사업에 관심 있는 구직자다. 연예계 빅 4라 불리는 SM, YG, JYP 그리고 방탄소년단이 소속된 하이브 중 한 회사를 골라 취직할 수 있다면 어디에 갈 것인가? 신중한 당신이라면 지금 당장의 연봉보다는 회사의 장래, 사내 복지, 취향 등 여러 가지를 종합적으로 고려하겠지만 고지식한 김미련 씨는 월급이 가장 많은 회사에 취직하려고 한다.

　기업의 연봉 정보를 추정해서 공개하는 크레딧잡에서 마침 4대 연예 기획사의 평균 연봉을 공개했다.[8] 2019년에 발표된 추정치이다.

　하이브의 평균 연봉이 가장 높고 YG 〉 SM 〉 JYP 순

	빅히트(현 하이브)	YG	SM	JYP
평균 연봉	4,277만 원	4,051만 원	3,764만 원	3,622만 원

〈표 1〉 연예계 빅 4 기획사들의 평균 연봉(2019년 추정치)

으로 연봉이 낮아진다. 역시 하이브인가? 잠깐 '평균의 함정'을 의심해야 한다. 하이브 직원 수가 10명이라고 해보자. 사원 9명이 1,000만 원을 받고, 부장 1명이 3억 1,000만 원을 받는다면 평균 연봉은 4,000만 원이다.

$$\frac{1,000만 원 \times 9명 + 31,000만 원 \times 1명}{10} = 4,000만 원$$

만약 SM의 9명 직원이 각각 연봉 3,000만 원을 받고, 부장 1명이 연봉 8,000만 원을 받는다면 평균 연봉은 3,500만 원이다.

$$\frac{3,000만 원 \times 9명 + 8,000만 원 \times 1명}{10} = 3,500만 원$$

평균 연봉은 빅히트가 높지만 단 1명의 부장을 제외한 대다수 직원은 SM에서 더 좋은 대우를 받고 있다. 평균 연봉만으로 미래 월급을 판단할 수 없는 것이다.

수학보다 데이터 문해력

	빅히트(현 하이브)	SM
평균 연봉	4,277만 원	4,051만 원
대졸 신입사원 평균 연봉	2,775만 원	2,819만 원

〈표 2〉 연예계 빅 4 기획사들의 평균 연봉과 대졸 신입사원 평균 연봉(2019년 추정치)

	빅히트(현 하이브)	SM
평균 연봉	4,277만 원	4,051만 원
대졸 신입사원 평균 연봉	2,775만 원	2,819만 원
주임, 대리급 평균 연봉	3,455만 원	3,630만 원
과장급 평균 연봉	4,448만 원	4,616만 원
차장급 평균 연봉	5,267만 원	5,492만 원
부장급 평균 연봉	6,143만 원	6,500만 원

〈표 3〉 연예계 빅 4 기획사들의 직급별 평균 연봉(2019년 추정치)

이처럼 평균의 함정이 말하는 바는 평균이 모든 정보를 다 담고 있지 않다는 것이다.

평균의 함정을 설명하면서 쓴 예시는 가상의 숫자이다. 다행히 대졸 신입사원의 평균 연봉 역시 공개되었다. 역시 대졸 신입사원 평균을 비교하면 SM이 조금 더 많다. 마찬가지로 평균의 함정이다. 그렇다면 빅히트 부장의 연봉은 매우 높은 것이 분명하다? 직급별 평균 연봉을 비교해보자.

신입사원부터 부장급까지 모든 직급과 연차에서

SM 직원이 하이브 직원보다 더 높은 연봉을 받는다. 그런데 어떻게 평균 연봉은 하이브가 더 높을 수 있을까? 혹시 데이터가 잘못된 것은 아닐까 의심되지만 그렇지 않다. 언뜻 보면 모순처럼 보이는 이 현상은 사실 자주 발생한다.

통계학에서는 이를 '심슨의 역설'이라고 부른다. 평균의 함정을 잘 이해했다면 그리 어렵지 않다. 데이터 일부에서 나타나는 추세나 경향성이 데이터 전체에서는 사라지거나 반대로 나타나는 현상이다.

다음과 같은 상황을 생각해보자. 만약 하이브에 100명의 부장이 있고, 신입사원부터 대리, 과장, 차장이 1명씩이라면 평균 연봉은 부장 연봉에 가까운 6,060만 원이다. 반대로 SM에는 신입사원이 100명이고 나머지 직급이 1명씩이라면 평균 연봉은 2,905만 원에 불과하다. 예시가 좀 극단적이지만 비밀을 충분히 알았을 것이다. 하이브에는 높은 연봉을 받는 차장, 부장급이 많고, SM에는 신입사원과 주임, 대리급이 (상대적으로) 많이 있다. 월급이 높은 회사에 취직하려는 김미련 씨는 SM에 취직하면 된다.

수학보다 데이터 문해력

53 ☆☆★★★

공무원연금과 국민연금을 둘러싼 논쟁에 관하여

2016년에 7급 공무원으로 임용된 30세 김공무 씨는 35년 후 월평균 연금 수급액이 157만 원 수준이라고 한다.[9] 이에 비해 같은 해 비슷한 월급을 받는 국민연금 납부자인 30세 김회사 씨는 35년 후 월평균 연금 수급액이 고작 91만 원이다. 김회사 씨는 김공무 씨가 받는 혜택의 절반만 받는다. 과연 국민연금이 봉일까?

김공무 씨와 김회사 씨의 연금 수급액 비교는 공평하지 못하다. 김공무 씨는 30년 동안 2억 4,546만 원을 납부할 예정이고, 평균연령까지 살 때 총 3억 6,385만 원을 연금으로 수령한다. 수익률은 약 48%이다. 김회사 씨는 30년 동안 1억 2,312만 원을 납부한 뒤 총 1억

8,666만 원을 받을 예정이다. 수익률은 약 51%로 오히려 공무원연금보다 나으면 나았지 못하다고 볼 수 없다.

2019년 기준으로 월 300만 원 이상 공무원·사학·군인 연금을 수령하는 국민은 무려 20만 명이 넘는다고 한다.[10] 국민연금 수령자 중에는 0명이다. 국민연금이 봉이라는 다른 근거이다. 사실 자체는 맞지만 실상은 다르다. 대한민국의 연금 제도는 다른 선진국에 비해 상대적으로 그 역사가 짧다. 국민연금 제도는 1988년에야 시작되어 대상이 전 국민으로 확대된 것은 그리 오래되지 않았다. 2022년 현재 은퇴자 대부분은 20년 미만의 납입 이력이 있을 뿐이다. 이에 비해 공무원연금은 훨씬 오래 전부터 시행돼 수급받는 은퇴자들은 20년 이상 2배 넘게 오랫동안 연금을 납입했다. 30년 이상 연금을 납부한 공무원연금 수령자와 20년 미만 연금을 납부한 국민연금 수령자를 직접 비교할 수 없는 것이다. 이를 중도절단의 오류라고 부른다.

　미국의 블루스 가수는 대부분 늙어 자연스레 죽는

수학보다 데이터 문해력

데, 힙합 가수는 폭력과 마약 사건으로 사망한 비율이 높다면서 힙합 문화를 비하하는 것과 같은 오류이다. 힙합 가수는 대부분 아직 자연사할 나이가 되지 않았다. 공평한 비교가 아니다.

반론을 펼 사람이 많을 것이다. 공무원연금은 국가에서 보조해주는 비율이 월급의 9%나 되니 국민연금에 비해 불공평하다는 것이다. 이에 대한 반론도 있다. 공무원연금은 퇴직연금도 포함하기 때문에 사기업의 퇴직금과 국민연금을 더하면 공무원연금 납부가 더 손해라는 것이다. 이 논의를 끝내자면 밤을 새워도 모자라다. 국민연금이 더 좋다고 주장하는 것이 아니다. 국민연금과 공무원연금처럼 서로 다른 숫자들을 비교할 때는 공평한 비교를 하는지 두 번 세 번 생각해야 한다.

54

내 친구가
그러는데 말이야…

"라면이 몸에 나쁘다는 말은 틀렸어. 작은할아버지는 매일 라면을 드시는데 90세 넘게 건강히 잘 살고 계셔."

"인터넷에서 찾은 맛집. 정말 괜찮을까? 그 식당에 가본 내 친한 친구에게 전화했더니 절대 가지 말라고 해. 직원은 불친절했고, 음식은 너무 짰대."

단 한 사람에게서 비롯한 증언이나 경험담, 풍문 등을 사례 증거 또는 일화적 증거(anecdotal evidence, 한 이야기 증거)라고 한다.

통계는 불확실성 속에서 추세나 경향을 찾는다. 그래서 추세에 어긋한 사례는 언제나 있기 마련이다. 남자

키는 여자 키보다 큰 경향이 있지만 신랑보다 큰 신부도 있다. 이것이 곧 사례 증거이다.

블로그의 추천글, 친구나 가족의 경험담, 정말 실제 존재하는지 의심스러운 엄마 친구 아들의 영웅담 모두 사례 증거이다. 사례 증거에 근거한 의사결정은 개인 경험으로 전체를 추론하는 성급한 일반화의 오류에 빠질 위험이 매우 크다. 이를 특별히 '일화적 오류'라고 부르기도 한다. 전체의 경향과 추세보다 한 사례에 천착하는 오류이다. 담배를 피우면 건강에 좋지 않다. 그런데 건강한 흡연자 역시 존재한다. 데이터가 신호와 소음으로 이루어져 있다면 담배와 건강의 전반적인 추세, 이른바 신호에 어긋나는 소음은 충분히 찾을 수 있다.

성급한 일반화 오류의 위험은 누구나 알고 있다. 그런데도 사례 증거를 강력하게 믿는 경우가 많다. 사실 통계 증거는 일반적이지만 추상적이며 전체적이다. 데이터와 통계에서 '나'를 찾는 것은 어렵다. 반면 사례 증거는 매우 개인적이며 동시에 생생한 정보이다. 나를 그 경험에

수학보다 데이터 문해력

대입해 상상하는 것이 수월하다. 특히 내 취향이 비슷한 친구, 가족, 동료의 경험이라면 포털 평점보다 더 믿을 만한 정보일 수도 있다. 다만 취향이 다를 수 있는 제3자에게 내 친구의 경험은 일반적인 추세와 어긋난 사례 증거일 뿐이다.

55

2156년 올림픽 100미터 달리기, 여성이 남성보다 빠르다?

세계에서 가장 유명한 과학잡지 중 하나인 〈네이처〉에 재미있는 논문이 하나 실렸다. 2004년 아테네 올림픽 100미터 달리기 남자부의 우승 기록은 9.85초, 여자부의 우승 기록은 10.93초였다. 남자 기록이 1.08초 더 빠르다. 그런데 여자부 100m 경기가 처음 열린 1932년 로스앤젤레스 올림픽에서 기록 차이는 1.4초. 남녀 선수의 기록 격차가 조금씩 좁혀지고 있는 것이다. 그렇다면 미래에는 100m 달리기 남녀 기록 차이가 더 좁혀질까? 〈네이처〉 논문의 답은 "그렇다"였다. 2156년 올림픽에서는 여자의 100m 달리기가 남자보다 빠르다고 예측했다.[1]

논문의 예측 방법은 회귀분석이다. 연도만으로 1900년 제2회 올림픽부터 2004년 아테네 올림픽까지 100m 우승 기록을 예측하는 방법이다. 아테네에서 열린 1896년 제1회 올림픽에도 남자 100m 경기가 있었지만 무슨 영문인지 이 논문에는 빠져 있다.

〈그래프〉에 이 논문에도 실린 회귀분석 결과를 표시했다. 100년 동안 남자가 약 1.1초 단축하는 동안 여자는 대략 1.7초 단축했다. 회귀분석의 예측은 상당

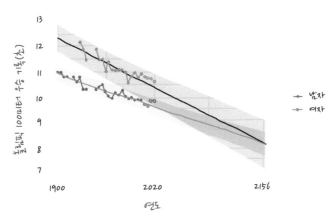

〈그래프〉 회귀분석으로 예측한 올림픽 100m 우승 기록의 예측

히 정확하다. 이 논문이 발표된 후 2008년 베이징부터 2020년 도쿄까지 4번의 올림픽이 더 있었다. 2004년의 예측이 얼마나 정확한지 알아볼 수 있는 기회이다. 회귀 분석 결과는 〈그래프〉의 두 직선으로 표시되었다. 이 직선이 데이터에 숨은 일종의 신호(의 추정값)이다. 2008년에 해당하는 '신호'는 9.72초이다. 신호에는 소음이 더해진다. 회귀분석은 신호뿐만 아니라 소음의 크기도 파악한다. 2008년 우승 기록은 그래서 신호 9.72초에 소음이 더해진 9.42~10.03초 중 하나로 예측한다. 이 예측 구간은 그림에서 직선 주변의 '띠'로 표시되었다.

2008년에는 우사인 볼트가 9.69초로 세계 기록을 세우면서 우승하였다. 실제 우사인 볼트의 기록이 예측 구간에 포함된다. 2008년부터 2020년까지 올림픽 100m 우승 기록은 속이 빈 동그라미로 표시되었다. 성별을 가리지 않고 모두 예측 구간의 띠 안에 들어왔으니 〈네이처〉 논문의 예측은 성공한 셈이다.

여기서 멈추면 좋았을 것이다. 이 논문은 너무 나갔다.

직선을 쭉 이어 2156년 올림픽까지 상상한 것이다. 이 회귀분석 결과가 '예측'하기로는 2156년 100m 남자부 기록은 8.09초, 여자부 기록은 8.08초이다. 남녀 기록 차이가 좁혀지는 것을 넘어 여자부의 100m 선수 우승자가 남자보다 더 빠르다.

100년 후의 인간은 8초대에 100m를 주파할 수도 있다. 물론 여자의 최고 기록이 남자보다 빠를 수도 있다. 그러나 이 논문의 예측은 그 논리가 빈약하다. 〈네이처〉 다음 호에는 독자들의 항의 편지가 넘쳐났다.

영국의 한 통계학자도 항의 편지를 보냈다. 2156년보다 더 놀라운 사건이 벌어지는 해는 2636년이다. 이때에는 100m 올림픽 기록은 0초보다 작을 것이다. 그림의 직선을 2636년까지 이어보면 우승 기록의 예측값이 0초 아래로 내려간다.

미국 텍사스의 한 고등학생이 보낸 편지에는 중요한 단어가 등장한다. 좀 어려운 말이지만 외삽(extrapolation)이다. 외삽(外揷)은 '바깥쪽에 끼운다'는 뜻인데, 1900년부터 2004년까지의 데이터에서 너무 멀리 떨어진 2156년을 예측하는 것이 곧 '외삽'이다. 2020년까지 기록을 예측하는 것 역시 외삽이지만 멀지 않다. 20

세기 100년 동안 이어진 추세가 20년 더 지속되는 것은 충분히 있을 법한 일이다. 그러나 이 추세가 100년 후까지 이어진다는 보장이 없다. 외삽 예측은 유사성의 원칙을 지키기 어려운 예측이므로 매우 신중해야 한다.

외삽의 반댓말은 내삽(內揷)이다. 안쪽에 끼운다는 뜻이다. 올림픽이 열리지 않았던 1940년과 1944년에 만약 개최되었다면 100m 우승 기록은 어느 정도였을까? 이 예측이 내삽 예측이다. 1936년까지 기록, 1948년부터 기록이 있으므로 예측하려는 연도 주변에 데이터가 있는 경우이다. 결과는 이미 〈그래프〉에 표시되어 있다.

1940년의 신호는 추정할 수 있지만 2156년처럼 데이터가 없는 시점의 신호는 파악하기 어렵다.

수학보다 데이터 문해력

56

☆☆★★★

정말로 개와 고양이는
사람보다 먼저 지진을 느낄까?

1975년 2월 4일, 중국의 랴오닝성 하이청에 진도 7.5의 강력한 대지진이 덮쳤다. 인구 밀집 지역에 발생하면 수십만 명이 죽을 수 있는 강력한 지진이다. 그런데 이날 이 도시에는 사람이 없었다. 지진을 예측한 중국 정부가 대피 명령을 내려 수많은 사람을 구한 것이다. 인류 역사상 유일하게 예측에 성공한 지진이다.

중국은 어떻게 지진을 예측했던 것일까? 여러 괴현상들이 있었다.[12] 지진이 발생하기 전까지 지하수 깊이가 갑자기 반복해서 높아졌다 낮아졌다. 대지진이 발생하기 며칠 전부터 소와 말이 힘이 없거나 흥분한 것처럼 보이기도 했다. 닭들은 닭장으로 들어가려 하지 않았고,

쥐와 거위의 이상행동에 대한 보고도 있었다.

이듬해인 1976년 7월 28일, 중국 후베이성 탕산시에 진도 7.6의 조금 더 강력한 대지진이 덮쳤다. 불행하게도 탕산시 주민들은 미리 대피하지 못했고, 이 지진으로 사망자는 최소 27만 명이 넘었다. 이 지진 전에는 괴현상이 없었을까? 〈네이처〉에 실린 연구에 따르면 탕산 대지진 전에는 특별한 이상 현상에 대한 보고가 없었다고 한다.[13]

중국 정부가 하이청 지진은 예측하고도 탕산 지진은 전혀 대비하지 못한 이유는 단지 이것뿐일까?

하이청 지진을 예측한 가장 큰 단서는 사실 이런 지진 전조 현상이 아니다. 1975년 하이청에는 2월 1일부터 지진 전날까지 지진의 초기 미동이 계속되었다. 어떤 지역에 지진이 발생할 때는 며칠 동안 지진의 충격이 시차를 두고 발생한다. 이 가운데 규모가 가장 큰 지진을 본진, 그 앞의 지진을 전진(또는 초기 미동), 그 뒤의 지진을 여진이라 하는데, 1975년 하이청 지진의 초기 미동은 본

수학보다 데이터 문해력

진이 발생하기 사흘 전부터 시작했다. 하이청 시뿐 아니라 랴오닝성에 사는 누구라도 진동을 느낄 만큼 규모가 큰 지진이었다. 그런데 1976년의 탕산 지진은 초기 미동이 없었다.[14]

한국에서도 비슷한 일이 있었다. 2017년 포항 지진 발생 전, 부산 광안리 해수욕장에 개미 떼가 출몰했다. 지진의 전조 현상일까? 물론 지진 발생 후에 꿰맞춘 이야기이다. 일종의 사후확신편향이다. 그러나 여전히 동물이 사람보다 먼저 지진을 느껴 이상행동을 보인다는 설은 그럴듯하다. 국립재난안전연구원 연구팀이 국내외의 지진 전조 현상을 분석한 보고서에 따르면 동물 이상행동 목격 사례가 무려 739건이나 된다. 닭, 소, 돼지 등 포유류의 이상행동이 절반을 차지했는데, 사실 대부분 개와 고양이였다.[15] 정말 동물들이, 특히 개와 고양이가 사람보다 먼저 지진을 느낄까? 왜 특히 개와 고양이일까?

미국지진학회는 2018년에 그동안 학계에 보고된 지진 전조 동물 이상행동에 대한 조사를 진행하였다. 동물 이상행동이 분석된 180여 개의 과학논문을 조사한 뒤 내린 결론은 동물이 지진을 예측할 수 있다고 볼 수 없다는 것이다. 특히 보고서는 대부분의 동물 이상행동이 단 1번씩만 관측되었음을 지적하였다. 어떤 동물이 평소에는 잠잠하다가 지진을 느끼고 이상행동을 했는지, 우연히 지진 전에 이상행동을 보였는지 알 수 없다는 것이다. 지진이 잦은 환태평양 지진대에 사는 동물이 정말 지진을 느낀다면 지진이 있을 때마다 이상행동을 보이지 않았을까?

미국수의학협회는 2018년 미국에 7,681만 마리의 애완 개와 5,836만 마리의 애완 고양이가 있다고 발표했다.[16] 집에서 키우는 개와 고양이 수가 미국 인구의 약 40%에 이르는 셈이다. 다른 애완동물보다 월등히 많다. 한국도 마찬가지이다 애완동물 대부분이 개와 고양이이다.[17] 이렇게 많은 개와 고양이가 있으니 그중 '우연히' 지진 전에 이상행동을 보이는 동물이 한두 마리 있을 수 있다.

내 반려견이 사실은 지진을 느끼지 못하지만 매우 우연하게도 지진 직전에 이상행동을 보일 수 있을까? 이는 매우 드문 일이므로 그 가능성 또는 확률이 0.000001 (즉 100만분의 1)이라고 해보자. 지진이 100만 번은 일어나야 내 반려견은 그 직전에 우연히 이상행동을 보일 것이다. 그러나 한국만 해도 반려동물인 개와 고양이는 최소 300만 마리가 있고, 단 한 마리라도 이 드문 가능성을 뚫고 실제로 우연히 지진 전 이상행동을 보일 확률은 무려 95%이다. 그리고 단 한 마리가 지진 전 이상행동을 보였다면 신문과 인터넷에서 화제가 되었을 것이다.

이처럼 매우 드문, 우연일지라도 발생하기 어려운 사건이라도 관찰하는 개체 수가 매우 많다면 충분히 발생할 수 있다. 그리고 개체 수가 많으면 많을수록 아무리 희귀한 일이라도 결국 일어난다. 지진 전조 현상 대부분이 개와 고양이의 이상행동인 이유는 바로 개와 고양이가 많기 때문이다. 그리고 1975년 중국 하이청에는 개와 고양이보다 소, 말, 닭, 쥐와 거위가 더 많았던 모양이다.

57

사람들의 의견은
숫자가 아니다

여론은 사회 대중의 공통된 생각이나 대다수의 지지를
받는 의견이다. 대한민국 정부의 세 정책에 대한 가상의
여론조사 결과를 보자.

> 대구와 경상북도를 합쳐 통합행정구역을 만드는 데 찬성
> 한다(60%), 반대한다(40%).
> 제주2공항을 건설하는 데 찬성한다(60%), 반대한다
> (40%).
> 안락사 도입에 찬성한다(60%), 반대한다(40%).

> 여론은 무엇일까? 대구와 경북을 합치는 데 찬성하

행정구역 통합	제주2공항	안락사	비율
○	○	○	0%
○	○	×	25%
○	×	○	28%
○	×	×	7%
×	○	○	32%
×	○	×	3%
×	×	○	0%
×	×	×	5%

〈표〉 가상의 여론조사표. 찬성이 O, 반대가 X로 표시되었다.

고, 제주2공항을 원하면서 안락사 도입에 찬성하는 것
이 여론일까? 〈표〉는 위 여론조사 결과를 조금 더 자세
하게 구분한 것이다. 각각의 여론조사 결과, 각 정책을
찬성하는 국민이 다수이지만 사실 세 정책을 '모두' 찬
성하는 국민은 단 1명도 없다.

그렇다면 여러 정책의 조합 중에 찬성하는 비율이
32%로 가장 높은 '행정구역 통합 ×, 제주2공항 ○, 안
락사 ○'를 실행하는 것이 가장 좋을까? 과반이 채 되지
않는 32%가 국민 여론이라고 말할 수 있을까? 이 예는
조금 극단적이지만 여기서 말하고자 하는 바는 이렇다.
사람과 그들의 의견은 숫자가 아니다. 숫자라면 어떤 대

풋값을 구할 수 있겠지만 숫자가 아닌 여론은 어떤 대푯
값 하나를 구하기가 힘들다. 통계는 요약할 때 쓰이지만
동시에 하나로 요약될 수 없는 상황을 밝히기도 한다.

미국 방송사 〈내셔널 지오그래픽〉에서 지구인 70억 명
중 가장 전형적인 사람을 보여준 적이 있다.[18] 인류 대부
분은 오른손잡이이다. 70억 명 중 절반 넘게 핸드폰을
소유하고 있다. 은행 계좌가 없는 사람이 대부분이다.
남자 수가 여자보다 아주 조금 많다. 중간 나이는 28세
이다. 이런 사람이 있을 법하다. 이번에는 어떻게 생긴
사람일까? 지구에는 약 650개의 민족이 있다고 한다. 그
중 가장 인구수가 많은 민족은 중국의 한족이다.

　지구인의 전형은 28세 남성인 중국의 한족, 핸드폰
을 소유하면서 은행 계좌는 없고 오른손잡이인 사람이
다. 이런 사람은 충분히 있을 법하지만 지구의 전형이라
고 동의할 사람이 얼마나 많을지 하는 것은 의문이다.

58

☆☆☆★★

쓰레기가 들어가면
쓰레기가 나온다

통계는 항상 객관적일까?

주어진 데이터를 요약해 미리 정해진 절차에 따라 통계를 낸다면 객관적이고 과학적인 결과가 나올 것만 같다. 통계는 객관적이다. 제대로 쓴 통계의 예측과 추론은 주관과 편향이 없는 매우 객관적인 방법이다. 그런데도 통계와 데이터 분석에 기반한 의사결정이 항상 객관적이라는 보장은 없다.

중국의 어떤 과학자들은 얼굴 사진만으로 그 사람이 범죄자인지 아닌지 상당히 정확하게 예측해낼 수 있다고 발표했다. 최근접 이웃 분류, 로지스틱 회귀분석, 인공신경망 등 여러 분류 예측 방법을 이용하면 95% 정확도로 범죄자를 구별할 수 있다고 한다.[19] 이렇게 대단한 성과를 냈는데, 왜 중국 정부는 아직도 이 과학자들의 방법을 사용하지 않을까?

쓰레기가 들어가면 쓰레기가 나온다는 격언이 있다. 회귀분석 같은 통계 방법은 사용자 입장에서는 마치 속을 알 수 없는 복잡한 기계 같다. 오른쪽 〈그림〉처럼 데이터를 주면 분석 결과가 튀어나오는 기계이다.

　이 기계는 객관적이고 정확하다. 그러나 기계는 도구일 뿐이다. 좋은 데이터를 기계에 넣으면 좋은 결과를 얻는다. 쓰레기 데이터를 주면 얻을 수 있는 것은 쓰레기뿐이다. 통계 방법이 객관적이고 정확하다고 해도 편향된 데이터가 들어가면 편향된 결과가 나오고, 신호를 압도하는 소음이 들어가면 부정확한 결과가 도출될 뿐이다.

　중국 과학자들이 사용한 데이터는 다음과 같다. 실형을 확정받은 범죄자들의 사진이 절반을 이룬다. 나머지 절반은 범죄자들과 성별이 같고 나이가 비슷한 시민

　　　　　　　　　　　　수학보다 데이터 문해력

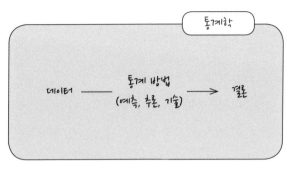

〈그림〉 속을 알 수 없는 복잡한 기계로서의 통계와 분석 방법

의 사진들이다. 그런데 이 사진들에 특이한 점이 있다. 범죄자들의 사진은 대부분 입을 굳게 다물어 입꼬리가 조금 내려간 상태이다. 데이터에 포함된 일반 시민의 사진은 반대로 가벼운 미소를 띠고 있다. 입꼬리가 조금 올라가 있다.

범죄자 예측의 비밀을 찾았다. 입꼬리가 내려가 있으면 범죄자, 그렇지 않으면 시민이다. 이 분석은 정확하다. 주어진 데이터에서 가장 좋은 '신호'를 찾은 것이다. 그러나 데이터 자체가 편향되었다. 웃는 범죄자와 엄숙하고 근엄한 시민이 데이터에 없으니 통계 방법은 편향된 데이터에 맞는 답을 찾은 것뿐이다.

인공지능 챗봇의 실패 역시 마찬가지이다. 2021년 한국에서 공개된 인공지능 챗봇 '이루다'는 20대 초반 여성의 말투로 사용자와 채팅하는 인공지능이다.

　이와 같은 인공지능에서는 사용자와 주고받는 채팅도 다시 데이터가 되어 챗봇을 학습시키는 데 쓰인다. 사정이 이렇다 보니 단기간에 매우 많은 사람이 챗봇과 대화를 나누면서 정치적이거나 성적으로 편향된 정보를 제공하는 것도 가능하다. 다행히 우리나라의 이루다 사용자 중에는 이런 사람이 많지 않았지만, 미국의 사정이 달랐다. 이루다의 선조 격인 마이크로소프트의 테이 인공지능(Tay AI)은 사용자와 트위터를 주고받는다. 그런데 테이가 공개된 바로 그날부터 히틀러를 옹호하는 등 인종차별, 성차별적인 트위터 멘션을 테이에게 보내는 인터넷 '트롤'이 매우 많았다. 공격적이고 차별적인 메시지를 주로 접한 테이는 곧 그들을 따라하기 시작했고, 마이크로소프트는 공개 16시간 만에 테이의 트위터 계정을 삭제했다.

　엄청난 양의 빅데이터와 인공지능의 눈부신 발전은

마치 모든 것이 곧 '자동으로' 이루어질 것처럼 우리를 혼동시킨다. 지식과 진실의 원천이 모두 빅데이터 속에 있을까? 객관적인 통계와 인공지능이 항상 진실을 말해줄까? 데이터는 혼란스럽다. 빅데이터라면 더욱 그렇다. 통계분석과 인공지능은 객관적이고 매우 유용한 도구이지만, 혼란스러운, 특히 편향된 데이터를 넣는다면 편향된 답을 줄 수밖에 없다. 그래서 사람의 역할이 더욱 중요하다. 어떤 데이터를 수집하고 이용할지 어떤 방법을 이용해 데이터를 처리할지 결정하는 것은 사람의 직관, 경험, 윤리와 더불어 데이터와 통계학에 대한 깊은 통찰을 필요로 한다. 통계라는 도구는 거짓말을 하지 않는다. 다만 진실하지 않은 사람이 쓸 때 위험한 도구가 될 수도 있다.

더 근사한 우리의 삶을 위하여

통계에는 확실한 것이 하나도 없다. 모를 때는 몰라서 확실하지 않고, 어느 정도 알게 됐을 때는 그 본연의 불확실성이 명쾌함을 어지럽힌다. 불확실성을 이해하고 포용하는 것, 그것이야말로 통계의 시작이자 끝이다.

예측의 대표적인 도구인 회귀분석은 '직선'의 경향을 나타낸다. 1990년대 통계학계의 가장 큰 관심사 중 하나는 바로 '직선이 아닌 곡선 형태의 패턴을 찾을 수 있는가?'였다. 오직 2개의 숫자(기울기와 절편)로 표현되는 직선과 달리 곡선은 그 형태가 무궁무진하다. 이 모든 곡선을 표현하려면 10개의 숫자, 100개의 숫자도로 모자라다. 기울기와 절편이라는 두 '모수'를 찾는 문제 대신 무한히 많은 숫자로도 표현되지 않는 셀 수 없을 정도로 많은 곡선 중 하나를 찾는 문제이다. 모수 몇 개로 표현되지 않으니 '비(非)모수' 통계의 문제라고 부른다. 곡선의 추세를 데이터에 꿰맞춰 찾는 것은 사실 어렵지 않다. 이 곡선이 얼마나 부드러울지, 어떤 형태로 부드러울지 미리 정해주기만 하면 된다. 어떻게 정하느냐에 따라 다른 답이 나온다. 모두 그럴듯하다. 그중 어떤 방법이 가장 좋을까?

통계 추론의 심판이 나설 차례이다. 미지의 모집단과 임의의 표본이다. 그런데 어떤 모집단에서는 이 방법이 좋고, 또 다른 모집단에서는 다른 방법이 좋다. 그렇게 결론을 내지 못한 채 1990년대가 마감되었다. 지금도 결론은 나지 않았다. 스플라인(Spline) 함수를 이용한 방법을 즐겨 쓰던 사람은 지금도 그 방법을 사용하고, 커널(Kernel) 함수를 이용하던 사람은 지금도 그대로 쓴다. 그렇다면 왜 승자를 가리지 못한 채 논쟁이 멈췄을까?

"모든 (통계) 모형은 틀렸다. 그러나 일부는 쓸모 있다."

영국의 통계학자 조지 박스(George Box)의 말이다. 데이터의 원천은 모집단이다. 이 모집단은 기술하기 어려울 정도로 복잡한 자연현상을 나타낸다. 아무리 복잡한 통계 모형이라도 자연현상 그 자체를 100% 정확하게 기술할 수 없다. 따라서 모든 통계 모형은 틀렸다.

나무를 보지 말고 숲을 보라는 말이 있다. 복잡한 자연현상 그 자체보다 그 속에 숨은 대략의 신호를 파악하는 것이 어떤 본질을 파악하는 데 더 요긴하다는 경구이다. 그러니 모든 통계 모형은 틀렸지만 그중 일부는 신호를 파악하는 좋은 도구일 수 있는 것이다. 완벽한 통계분석은 없다. 다만 어떤 통계분석은 쓸모 있는 결론을 줄 뿐이다.

이 격언의 논리를 확장하면 비모수 통계의 여러 방법은 모두 틀렸다. 그러나 몇몇 방법은 쓸모 있다. 데이터에 숨은 진짜 강력한 신호라면 스플라인과 커널, 어떤 방법을 이용하든지 감지할 수 있는 것이다. 두 방법 모두 어느 정도 쓸모 있기 때문에 더 이상의 논쟁은 무의미했던 것이다.

통계학은 근사한 답을 찾아 나가는 과정이다. 여기서 '근사'는 두 가지로 해석해주면 좋겠다. '거의 비슷하다'라는 뜻, 그리고 '보기에 좋다', '그럴듯하게 괜찮다'라는 뜻. 자연현상과 가능한 한 '비슷한' 모형을 생각해낸 통계의 답이 역시 '그럴듯하기'도 하다. 정확하지 않으므로 편향이 있다. 이 편향이 어느 방향으로 생길지 모르니 불확실하다. 아무리 잘 근사된 모형이라도 자연에 내재된 무작위성은 불확실성으로 남는다.

그다지 근사하지 않은 답에서 시작한 통계학은 더욱더 근사한 답을 찾아주려고 노력한다. 베이즈 업데이트가 아무리 지속되어도 100%에 다다르지 않는 것처럼 통계학의 '근사'는 앞으로도 '비슷한 것'으로 남을 것이다. 100년 후에도 오차와 불확실성이 우리를 괴롭힐 테지만 지금보다 훨씬 더 정교한 답을 할 수 있을 것으로 나는 기대한다.

❖❖❖

비모수 통계의 문제를 고민하던 이들과 그 제자들은 21세기에는 고차원 데이터와 숫자가 아닌 데이터로부터 신호를 찾는 문제에 천착했다. 어떤 이는 무지막지한 양의 빅데이터에 숨은 신호를 찾는 문제를, 어떤 이는 데이터에서 집단이 아닌 개인을 찾는 문제를, 또 어떤 이는 상관관계 속에 숨은 인과관계를 추론하는 문제를 고민한다. 이들의 성과가 무르익으면 통계학이 이 세상에 선사하는 지혜가 한층 더 높이 쌓일 것이다.

나는 베이즈주의(Bayesianism) 통계학자는 아니다. 다만 사람의 생각이 변하는 과정은 경험으로 믿음을 갱신하는 베이즈 업데이트와 매우 닮았다고 생각한다. 이 책 한 권으로 여러분의 통계학과 통계적 사고법에 대한 이해와 생각이 크게 갱신되리라 자만하지는 않는다. 다만 작은 한 걸음을 함께 나아갔기를 기대한다.

통계는 데이터에서 세상을 읽어낸다. 컴퓨터가 더 빨라지고 인공지능이 더 발달한 만큼 통계는 더 중요하다. 통계학의 통찰은 일상의 작은 문제와 궁금증에서부터 개인의 삶과 사회에 중요한 영향을 미치는 의사결정까지 커다란 도움을 건넬 것이다.

주석

PART I

1   Keith Devlin, The Unfinished Game: Pascal, Fermat, and the Seventeenth-Century Letter That Made the World Modern, Basic Books, 2008.

2   Richard Saul Wurman, Information Anxiety, New York: Doubleday, 1989.

3   Nate Silver, The Signal and the Noise: Why So Many Predictions Fail? but Some Don't, Worth Books, 2012.

4   Brewer, K., Three controversies in the history of survey sampling, Survey Methodology, 2013, P 39(2), pp. 249-263.

5   commune, 11세기부터 13세기에 프랑스에서 발달한 도시 자치 단체. 신흥 상인의 요구에 의하여 생긴 것으로 왕과 영주의 인가를 받아 행정·사법 권한까지 행사하였다.

6   Brewer, K. & Gregoire, T. G. Introduction to survey sampling, In Handbook of Statistics Elsevier, 2009, Vol. 29, pp. 9-37.

7   Cochran, W.G., Laplace's ratio estimator. In Contributions to Survey Sampling and Applied Statistics; papers in honor of H.O. Hartley; H. A. David(Editor), 1978, pp. 3-10.

8   Kruskal, W. & Mosteller F., Representative sampling, IV: The history of the concept in statistics, 1895-1939. International Statistical Review/Revue Internationale de Statistique, 1980, pp. 169-195.

9   보르트키에비치는 발생이 드문 사건의 분포가 푸아송 분포를 따른다는 사실을 '작은 수의 법칙(law of small numbers)'이라고 불렀다.

10   랜덤과 무작위의 정의는 두산백과 및 위키백과를 참조했다.

11   확률변수의 영어 표현이 random variable, 즉 랜덤변수이다.

12   랜덤이 아닌 여러 값 역시 분포로 표현할 수 있다. 예를 들어 랜

덤이 아닌 주어진 세 값(1, 1, 3)의 분포는 1의 확률 2/3, 3의 확률이 1/3인 셈이다. 숫자가 아닌 값 역시 분포로 표현한다. (남자, 남자, 여자)의 분포는 남자의 확률 2/3, 여자의 확률 1/3이다.

13 베이즈 두뇌 가설은 뇌인지 과학계의 가설 중 하나이다.
Clark, A., Whatever next? Predictive brains, situated agents, and the future of cognitive science, Behavioral and brain sciences, 2013, 36(3), pp. 181-204.
Westheimer, G., "Was Helmholtz a Bayesian?"Perception, 2008, 39, 642 – 5036(3).

PART II

1 랜덤(random)하게, 무작위로, 임의로 선정한다는 말은 사실 그 뜻이 불분명하다. 무작위로 선정할 때도 무작위의 규칙이 있기 때문이다. 가구를 선정하는 표본 조사에서 무작위는 각 가구가 표본에 선정될 가능성이 같다는 뜻이다.

2 Hanushek, E. A. & Woessmann, L., Knowledge capital, growth, and the East Asian miracle. Science, 2016, 351(6271), pp. 344-345.

3 통계학에는 통계적 추론이 있고, 다른 자연과학에는 없다는 주장은 통계학자 에프론과 해이스티의 책(Efron, B. & Hastie, T., Computer Age Statistical Inference: Algorithms, Evidence, and Data Science, Cambridge University Press, 2021.)에서 영감을 받았다.

4 귀무가설이 평화로운 현 상태나 기존의 믿음을 나타내고, 대립가설이 새로운 과학적 발견, 예를 들어 "소행성이 지구와 충돌한다"라면 첫 번째 오류는 '거짓 경보'의 오류, 두 번째 오류는 '탐지 실패'의 오류이다. 불행하게도 통계학에서는 두 오류를 제1종 오류, 제2종 오류라는 별 뜻 없는 이름으로 부른다.

5 Neyman, J. & Pearson, E. S., The testing of statistical hypotheses in relation to probabilities a priori. In Mathematical proceedings of the Cambridge philosophical society Cambridge University Press, 1933. 10., Vol. 29, No. 4, pp. 492-510.

6 Wasserstein RL, Lazar NA, "The ASA's Statement on p-Values: Context, Process, and Purpose", The American Statistician, 2016. 3. 7., 70 (2), pp. 129 – 133.

7 '동전 던지기는 불공평', 연합뉴스, 2009. 12. 08. www.yna.
co.kr/view/AKR20091208054500009

PART III

1 Mandelbrot, Benoit, "The Mystery of Cotton". The Misbehav-
ior of Markets: A Fractal View of Financial Turbulence, Basic
Books, 2006.

2 Grue, L. & Heiberg, A., Notes on the History of Normality –
Reflections on the Work of Quetelet and Galton, Scandinavian
Journal of Disability Research, 2006, 8(4), pp. 232–246.

3 Hall, P. Marron, J. S. & Neeman, A., Geometric representation
of high dimension, low sample size data. Journal of the Royal
Statistical Society: Series B, Statistical Methodology, 2005,
67(3), pp. 427–444.

4 Jebb, A. T., Tay, L., Diener, E. & Oishi, S., Happiness, income
satiation and turning points around the world. Nature Human
Behaviour, 2018, 2(1), pp. 33–38.

5 Galton, F., Regression towards mediocrity in hereditary stat-
ure, The Journal of the Anthropological Institute of Great
Britain and Ireland, 1886, 15, pp. 246–263.

6 Jiang, T., Yu, J. T., Hu, N., Tan, M. S., Zhu, X. C., & Tan, L.,
CD33 in Alzheimer's disease. Molecular neurobiology, 2004,
49(1), pp. 529–535.

7 알츠하이머병과 CD33의 관계를 나타내는 β의 추정값 1은 가상
의 숫자이다. 그러나 알츠하이머 발병과 CD33이 관계있다는 것
은 밝혀진 사실이다.

8 뒤섞기 검정을 보통 순열 검정이라고 부른다. 데이터를 뒤섞는
가짓수를 순열과 조합으로 알 수 있기 때문이기도 하지만 개인적
인 생각으로는 영어 'permutation test'의 잘못된 번역이다.

PART IV

1 Visscher, P. M., Sizing up human height variation, Nature ge-
netics, 2008, 40(5), pp. 489–490.

2 https://en.wikipedia.org/wiki/Heritability_of_autism

3 Cardno, A. G., Marshall, E. J., Coid, B., Macdonald, A. M., Rib-chester, T. R., Davies, N. J. & Murray, R. M., Heritability esti-mates for psychotic disorders: the Maudsley twin psychosis series. Archives of general psychiatry, 1999, 56(2), pp. 162-168.

4 Harris, J. R., Hjelmborg, J., Adami, H. O., Czene, K., Mucci, L. & Kaprio, J., The Nordic Twin Study on Cancer—NorTwin-Can, Twin Research and Human Genetics, 2019, 22(6), pp. 817-823.

5 Steve Lohr, "IBM is selling off Watson Health to a private eq-uity firm", New York Times, 2022. 01. 21.

6 김영숙, "주식투자인구 1,000만 명 시대 … 활동계좌 5,500만 개 돌파", 내일신문, 2021. 12. 29.

7 Liu, Ying; Rocklöv, Joacim, "The reproductive number of the Delta variant of SARS-CoV-2 is far higher compared to the ancestral SARS-CoV-2 virus". Journal of Travel Medicine, 2021. 10. 1., 28 (7), doi:10.1093/jtm/taab124.

8 Liu, Y., "The effective reproductive number of the Omicron variant of SARS-CoV-2 is several times relative to Delta", Journal of Travel Medicine, 2022. 3.9., Table 1. doi:10.1093/jtm/taac037.

9 김다영, "'한국 1만명에 끝, 이탈리아 10만명' 대만 교수 코로나 전망", 중앙일보, 2020. 3. 16.

10 최은혜, "AI 빅데이터 적극 활용하면, 코로나 같은 팬데믹 사전 방어", 중앙선데이, 2020. 6. 27.

11 Siobhan Roberts, "Reimagining our pandemic problems with the mindset of an engineer"MIT Technology Review, 2021. 10. 15.

12 FDA Briefing, Vaccines and Related Biological Products Advi-sory Committee Meeting, 2020. 12. 7. https://www.fda.gov/media/144434/download

13 백신을 접종받은 사람들과 그렇지 않은 사람들의 행동이 다를 수

도 있으므로 백신인지 위약인지 비밀에 붙여 접종한다.

14 보건복지부 질병정책과 e-나라지표 2019년 자료 기준.
http://www.index.go.kr/potal/main/EachDtlPageDetail.
do?idx_cd=2770

15 Jennings, Richi, "Minority Report is reality, kinda(and APIEpicFail)", computerworld.com. Retrieved, 2019. 8. 13.

16 Sam Corbett-Davies, Emma Pierson, Avi Feller and Sharad Goel, "A computer program used for bail and sentencing decisions was labeled biased against blacks. It's actually not that clear", The Washington Post, 2016. 10. 17.

17 Kirkpatrick, Keith, "It's not the algorithm, it's the data". Communications of the ACM, 2017. 1. 23., 60 (2): pp. 21 – 23.

18 통계학자들은 더 좋은 활과 화살, 더 좋은 화살을 쏘는 방법, 최고의 사수를 찾아 편향과 분산을 모두 줄이려 노력한다.

PART V

1 https://www.nytimes.com/1998/03/30/business/the-da-vinci-of-data.html

2 전자과학, 컴퓨터과학 등에서는 전자적으로 기록하는 모든 것을 데이터 또는 정보라고 한다. 이 디지털 데이터는 0 또는 1의 값을 가지는 비트(bit)를 모아 기록한다. 예를 들어 1바이트는 8비트, 1기가바이트는 80억 비트이다.

3 여기서 말하는 설계와 디자인은 같은 뜻이다. 즉 조사 또는 실험의 설계(design of experiments)는 데이터로부터 신호를 파악하기 쉽게 하는 것이 목적이다.

4 유성희, 강선혜, 노혜선, 이수정, "빅데이터 분석을 통한 갑질 특성 연구", 교정연구, 2018, 28(3), pp. 109-136.

5 2020년의 표준화 사망률은 서초구 10만 명당 207.5명, 강남구 222.9명, 서울 평균은 260.8명이다. https://kosis.kr/statHtml/statHtml.do?orgId=101&tblId=DT_1B34E13&conn_path=I3

6 https://www.hani.co.kr/arti/opinion/because/577892.html

7   상관관계의 추세와 강력함을 표현하는 상관계수는 0.87이다.

8   김성민, "연예계 빅 4 분석… 연봉 1위는 '방시혁 회사', 퇴사율 1위는?", 조선일보, 2019. 1. 18. https://misaeng.chosun.com/site/data/html_dir/2019/01/18/2019011800690.html

9   오수현, 나현준, "국민연금 봉인가…91만 vs 157만원", 매일경제, 2018. 8. 13.

10 이에스더, "월 300만 원 이상 수급… 국민연금 0, 공무원연금 20만 명", 중앙일보, 2019. 6. 1.

11 Tatem, A. J., Guerra, C. A., Atkinson, P. M. & Hay, S. I., "Momentous sprint at the 2156 Olympics?", Nature, 2004, 431(7008), pp. 525-525.

12 https://en.wikipedia.org/wiki/1975_Haicheng_earthquake#-Natural_occurrences_and_earthquake_prediction

13 Lomnitz, Cinna; Lomnitz, Larissa, "Tangshan 1976: a case history in earthquake prediction", Nature, 1978. 1. 12., 271(5641): pp. 109–111.

14 Jennings, Paul C.m., "Chapter 4: Report on the Tangshan Earthquake", Earthquake Engineering and Hazards Reduction in China: A Trip Report of the American Earthquake Engineering and Hazards Reduction Delegation, National Academy of Sciences, 1980, pp. 69–133.

15 이소희, "개·고양이는 사람보다 하루 먼저 지진 느낀다", 한겨레, 2017. 11. 16.

16 https://www.avma.org/resources-tools/reports-statistics/us-pet-ownership-statistics

17 강진규, "국민 4분의 1이 반려동물 키운다더니… 통계청이 조사하니 '반토막'", 한국경제, 2021. 9. 29.

18 https://youtu.be/4B2xOvKFFz4

19 Wu, X. & Zhang, X., Automated inference on criminality using face images. arXiv preprint arXiv:1611.04135, 2016.

수학보다 데이터 문해력

1판 1쇄 발행 2022년 11월 15일
1판 3쇄 발행 2023년 12월 27일

지은이 정성규

펴낸이 김유열
편성센터장 김광호 | **지식콘텐츠부장** 오정호
단행본출판팀·기획 장효순, 최재진, 서정희 | **마케팅** 최은영
북매니저 윤정아, 이민애, 정지현, 경영선

책임편집 오하라 | **디자인** 오하라 | **일러스트** 그림요정더광렬 | **인쇄소** 애드그린

펴낸곳 한국교육방송공사(EBS)
출판신고 2001년 1월 8일 제2017- 000193호
주소 경기도 고양시 일산동구 한류월드로 281
대표전화 1588-1580 | **이메일** ebsbooks@ebs.co.kr
홈페이지 www.ebs.co.kr

ISBN 978-89-547-9962-1 (03320)

ⓒ 2022, 정성규